Pedro Claudio Rodríguez

COMPONENTES ELECTRONICOS

Teoría constructiva, Montajes y circuitos típicos

1ª. Edición

2001

LIBRERIA Y EDITORIAL ALSINA

PARANA 137 - BUENOS AIRES - ARGENTINA
TEL.(54)(011)4373-2942 Y TELEFAX (54)(011)4371-9309

INDICE GENERAL

terísticas de cinco tipos de termistores PTC, pág. A1-8.

APENDICE 2: **Capacitores**

Capacitores de película metalizada, pág. A2-1; Capacitores encapsulados en resina, pág. A2-2.

APENDICE 3: **Inductores**

Descripción de los materiales magnéticos, pág. A3-1.

BIBLIOGRAFÍA CONSULTADA, pág. A3-4.

CAPITULO 1

RESISTORES

Definiciones

Podemos definir **resistencia R** como la oposición de un material determinado al flujo de cargas eléctricas a través de él. La unidad de medida de la resistencia es el *Ohm* (Ω). Los elementos que ofrecen resistencia en un circuito eléctrico se los denomina **resistores** o **resistencias.** Estos se fabrican con materiales conductores de electricidad, pero que poseen una resistencia mayor al resto de las resistencias intervinientes en el circuito. La corriente que pasa a través de un resistor es directamente proporcional el voltaje aplicado entre sus bornes.

La ecuación que maneja esta relación es la *Ley de Ohm*, descubierta por **George Ohm** en sus trabajos con circuitos de corriente continua en 1836. La relación entre *Voltaje*, *Corriente* y *Resistencia* está dado por:

$$V = R \cdot I$$

También se puede expresar que tan capaz es un elemento en conducir corriente eléctrica. Dicho factor se denomina **conductancia G**, y es la inversa del valor de la **resistencia R**. La *ley de Ohm* en función de la **conductancia G** se expresa como:

$$I = G \cdot V$$

en donde:
$$G = \frac{1}{R}$$

Su unidad en *SI* (Sistema Internacional) es el *Siemens* (S). Por ejemplo, una conductancia de 10^{-7} S (conductancia muy baja) es equivalente a una resistencia de *10 MΩ*.

Tipos de Resistores

El empleo de resistores es amplio, como así también sus aplicaciones. Ellos se encuentran en calentadores eléctricos, elementos divisores de corriente y de tensión, dispositivos limitadores, sensores, etc.

Sus valores resistivos, su potencia disipada máxima y sus tolerancias varían muy ampliamente. Se fabrican resistores con valores tan bajos como 0,1 Ω, pudiéndose llegar a valores de resistencia de varias centenas de megohm. Las tolerancias pueden estar entre ± 20% y ± 0,001%. Existen muchos tipos de resistores, los cuáles son clasificados por el tipo de fabricación y por los materiales empleados. En la Tabla 1.1 se describen las características principales de varios de ellos.

TABLA 1.1				
Tipo de resistor	**Rango de resistencia**	**Tolerancia [%]**	**Coeficiente [%/°C]**	**Potencia máxima**
Carbón	1 Ω a 22 MΩ	5 a 20	0,1	Hasta 2 W
Alambre	1 Ω a 100 kΩ	0,0005 y mayor	0,0005	Hasta 200 W
Película de metal	0,1 a 10^{10} Ω	0,005 y mayor	0,0001	Hasta 1 W
Película de carbón	10 Ω a 100 MΩ	0,5 y mayor	-0,015 a 0,05	Hasta 2 W
Acero	0,1 Ω a 1 Ω	20	-	Hasta 250 kW

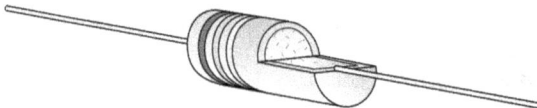

Fig. 1.1 Esquema en corte de un resistor de carbón

Los *resistores de carbón*, son fabricados mediante la técnica de prensado en caliente de granos de carbón junto con cantidades variables de material de relleno (fig. 1.1). Variando las proporciones de los componentes, se logrará un rango de valores entre 1 Ω y 22 MΩ. Estos resistores poseen la ventaja de ser económicos, confiables, y de estar libres de capacitancias e inductancias parásitas. Sin embargo, sus rangos de tolerancia (entre el 5% a 20%) los califican desfavorablemente frente a los demás tipos de resistores. Además, su coeficiente porcentual de temperatura resulta alto (variación porcentual de la resistencia en función de la temperatura de trabajo del resistor).

Los resistores de alambre son fabricados para ser utilizadas en apli-

caciones en que se requiera alta precisión, baja resistencia y alta disipación de potencia (fig. 1.2). Están construidos con alambre arrollado alrededor de un núcleo aislante de cerámica. Algunas de ellas pueden poseer una película vitrificada sobre el arrollado de alambre. También resultan comunes las regulaciones de resistencia a través de un tercer contacto móvil en los resistores de alta disipación de potencia. Las tolerancias típicas van desde 0,01% hasta el 1%, y cuando se fabrican con ale-
aciones de bajo coeficiente de temperatura, resultan muy precisos y con
una gran estabilidad térmica.

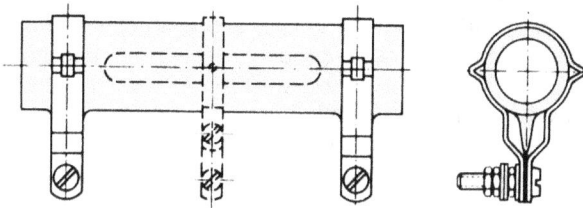

Fig. 1.2 Esquema de un resistor de alambre de alta potencia

Los *resistores de película de metal* y los de *película de carbón* son
construidos mediante la deposición de finas películas de *metal* (cromo y/o
níquel) o *carbón* respectivamente sobre una superficie cerámica aislante.
El valor de resistencia dependerá del grosor de la película depositada, con
un valor límite de 10.000 MΩ. Su exactitud y estabilidad es comparable
a los resistores de alambre arrollado. Como ventaja adicional se pueden
mencionar la de poseer bajo nivel de ruido y muy baja inductancia.

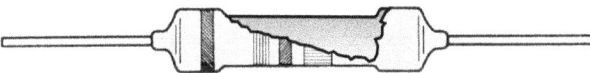

Fig. 1.3 Esquema en transparencia de un resistor de película

Las características de resistencia y tolerancia de los resistores pueden
ser identificadas de dos formas. Una es mediante la impresión en el cuerpo del resistor, y la otra es por medio del *código de colores*, sistema que
utiliza bandas, las cuáles identifican los valores de los parámetros citados
(ver Apéndice 1). A su vez, el sistema de bandas de colores permite iden-

tificar el tipo de construcción por la disposición de las mismas sobre el cuerpo del resistor.

Ahora nos dedicaremos a los resistores variables. Se denominan así a todos los resistores que tienen la posibilidad de variar su valor óhmico mediante algún mecanismo de rotación o deslizamiento, ya sea manual o servocontrolado. Los hay de múltiples naturalezas constructivas, valores resistivos y potencias. Además, la variación de la resistencia puede seguir un patrón de variación lineal o logarítmico. Ello dependerá del tipo de materiales, distribución y métodos de construcción empleados, y de la ingeniería aplicada en sus diseños.

Los resistores variables más comunes son los de película de carbón. Un tipo de ellos, denominados *potenciómetros*, están diseñados para que el operador pueda variar su valor resistivo tantas veces como la tarea lo requiera. Hay en el mercado potenciómetros rotativos simples (fig. 1.4) o en tándem (dos o tres pisos) y deslizables (fig. 1.5).

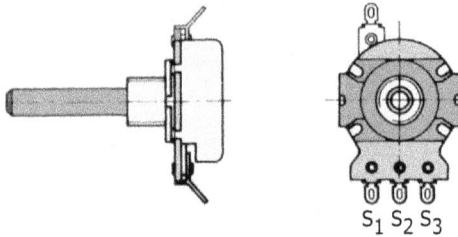

Fig. 1.4 Esquema de un potenciómetro rotativo de carbón

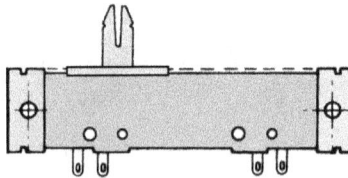

Fig. 1.5 Esquema de un potenciómetro deslizable de carbón

Por lo general, los potenciómetros con variación logarítmica del valor resistivo son usados para controlar el volumen en equipos de audio. Ello tiene que ver con la unidad de medida utilizada, el *decibel* (dB).

Fig. 1.6

Los resistores variables rotativos de carbón poseen una pista circular con extremos abiertos (terminales de conexión S_1 y S_3), recubierta de una película de carbón delgada, sobre la cual se desliza un contacto móvil (S_2) que está unido mecánicamente al eje de rotación. En función de la posición que tome el eje, variará la resistencia entre los terminales (fig. 1.6). De igual forma ocurre en los potenciómetros deslizables, solo que la pista resistiva es recta, y el contacto móvil se desplaza junto con el cursor. Ambos son utilizados en aplicaciones de bajas potencias (menores a 0,1 W).

Cuando se requiere ajustar un valor determinado de corriente o algún valor determinado de polarización en una etapa amplificadora, se recurre a resistores variables de otro tipo, los cuáles están pensados para permitir el ajuste al valor de resistencia necesario sin que sea modificado permanentemente. Este tipo de resistores se denominan *preset* (fig. 1.7), y son fabricados únicamente con variación lineal de resistencia, con valores comprendidos entre 100 Ω y 4,7 MΩ.

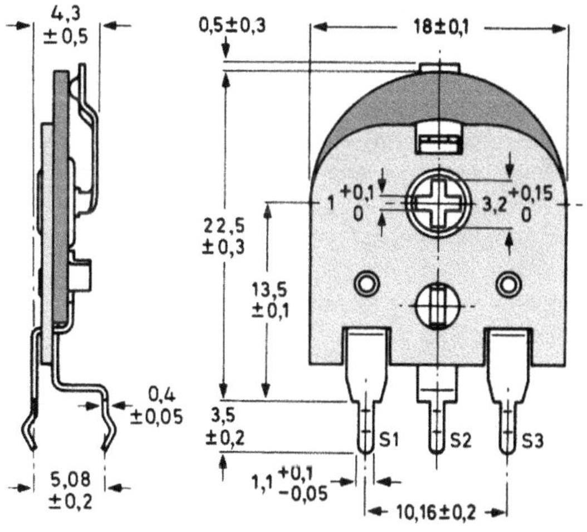

Fig. 1.7 Esquema de un preset con sus medidas y tolerancias

El rango de temperatura de operación es de –25 a +70 °C. La potencia disipada máxima a 25 °C es de 0,25 W, mientras que a 70 °C es de solo 0,15 W.

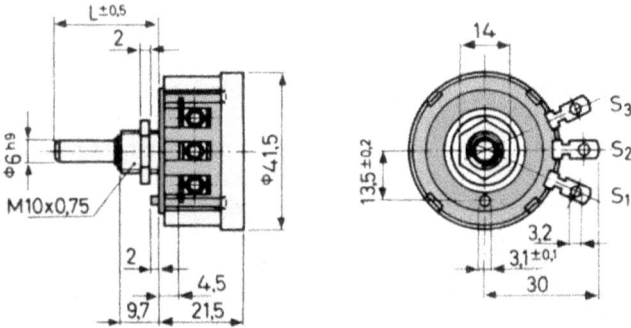

Fig. 1.8 Esquema de un reóstato de alambre de 3 W con sus medidas

Los resistores variables de alambre poseen el mismo tipo de construcción que la ya detallada para los de carbón, con la salvedad que la pista está conformada por un bobinado de alambre resistivo sobre una base aislante. Sus valores resistivos van desde 2,2 Ω hasta 50 kΩ, con potencias desde 2 W hasta 200 W. Ellos son utilizados generalmente como reóstatos o como potenciómetros en aplicaciones de mediana a alta potencia. En todos los sistemas rotativos, el ángulo de giro es de 300°.

Los detallados hasta aquí son los denominados *resistores lineales*. Existen *resistores no lineales*, los que reciben dicha denominación por no cumplir con una variación lineal en su valor de resistencia. Su valor resistivo puede variar por efecto de la luz (fotorresistor o *LDR*), por efecto de la tensión aplicada entre sus terminales (*VDR*), o por efecto de la temperatura (termistores *NTC* y *PTC*).

Comenzaremos por detallar los *fotorresistores* o *LDR* (siglas del inglés *Light Dependent Resistors*). Estos tipos de resistores no lineales se componen de una pastilla semiconductora muy delgada, la que al recibir el bombardeo de la luz, modifica su conductividad en función de la energía lumínica recibida. El valor de resistencia puede variar aproximadamente entre 1 MΩ sin iluminación hasta un rango entre 75 y 300 Ω con una iluminación de 1.000 Lux. La potencia máxima es de 200 mW. En la fig. 1.9

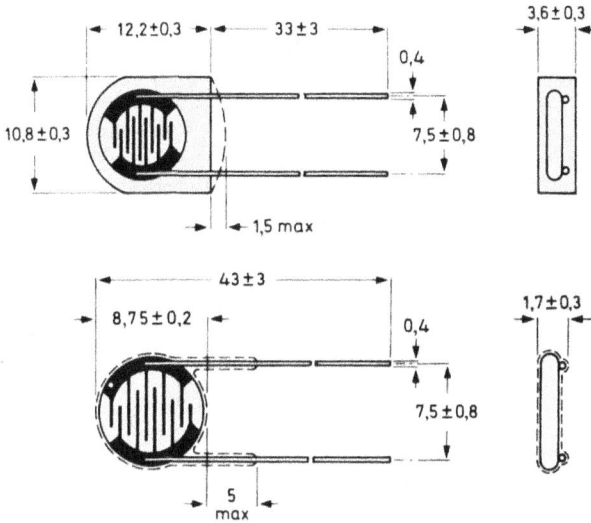

Fig. 1.9 Esquemas de dos LDR con sus medidas y tolerancias

se ilustran dos fotorresistores con sus medidas estándar y sus tolerancias. Continuamos con otro de los resistores no lineales ya mencionados,
el VDR (del inglés Voltage Dependent Resistors).

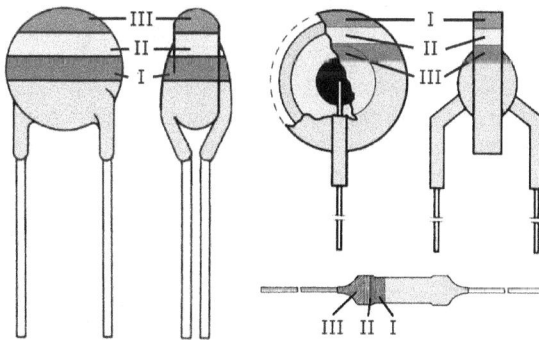

Fig. 1.10 Esquemas de los tres tipos constructivos de VDR

Ellos están construidos con formato de disco o de cápsula, con dos terminales de conexión. El disco o la cápsula está confeccionada con óxidos metálicos de cinc o de titanio.

Su valor resistivo se incrementa con el aumento de la tensión aplicada entre sus terminales. Los *VDR* son utilizados entre otras aplicaciones para evitar picos de tensión transitorios y para la supresión de chispas en contactos eléctricos (contactores, relés, conmutadores, etc.).

La potencia máxima de estos dispositivos es de 0,25 W, con una temperatura de operación entre –25 y +125°C.

Los denominados *termistores* son resistores no lineales que varían su valor resistivo en función de una variación en la temperatura a la que están expuestos. Los hay con *coeficiente de temperatura positivo PTC* (del inglés *Positive Temperature Coeficient*) y con coeficiente *negativo NTC*. Para una variación pequeña de temperatura (Δt), podemos afirmar:

$$R_T = R_{Tamb} \cdot \left(1 + \alpha\, \Delta t\right)$$

donde: R_{Tamb} = *resistencia a temperatura ambiente*

R_T = *resistencia a la temperatura T*

Δt = *variación de la temperatura*

α = *coeficiente térmico de la resistencia*

Cuando $\boldsymbol{\alpha}$ es positivo, los resistores son *PTC*. Este aumento en la resistividad se debe a un fenómeno atómico. Los iones del metal quedan fijos dentro de la estructura cristalina, pero a medida que se incrementa la temperatura, aumenta la amplitud de la vibración, reduciéndose el espacio interatómico y así el libre recorrido de los electrones libres. Como consecuencia de ello, la resistencia aumenta con la temperatura.

En el resistor *NTC*, al aumentar la temperatura, la concentración de portadores de carga aumenta (efecto avalancha en los semiconductores), incrementándose así la conductividad del material y bajando como consecuencia su resistencia. En este caso, $\boldsymbol{\alpha}$ es negativo y dependerá de la concentración de impurezas que contenga y también del tipo de semiconductor utilizado.

Los *PTC* y los *NTC* son utilizados para medir temperaturas o bien para su control, para estabilizar térmicamente *puntos de trabajo Q* (en polarización estática) de etapas de potencia transistorizadas, para nivelar ganancia en amplificadores y osciladores, para el retardo en el encendido de relés, como protección antichispas, etc. El uso de los *PTC* o de los *NTC* dependerá del tipo de factor a corregir, debiéndose tener en cuenta el tipo de compensación que se obtendrá por la suba o la baja del valor resistivo en función de la temperatura.

Aplicación de la leyes fundamentales en los resistores lineales

Previo a estudiar el comportamiento, mencionaremos las leyes que se cumplen en todo circuito resistivo puro.

Todas las expresiones y leyes descriptas en esta sección, se cumplen en corriente continua y en corriente alterna, siempre que las mismas sean aplicadas vectorialmente.

Al aplicar una tensión determinada sobre los terminales de un resistor puro, la corriente que circulará por él será fijada por la **ley de Ohm**, ya vista a principio de este capítulo y reiterándola aquí, a saber:

$$V = R \cdot I$$

La temperatura que se disipará en el resistor R por efecto **Joule** (disipación de potencia) será:

$$P = I^2 \cdot R$$

Para corriente alterna, el valor de la *potencia instantánea* **P_{ca}** es:

$$P_{ca} = \left(\hat{I} \cdot sen\,\omega\,t\right)^2 \cdot R = (1 - \cos 2\omega\,t) \cdot \frac{R \cdot \hat{I}^2}{2}$$

Siendo:　　　　$\omega = 2\pi \cdot f$

Ahora enunciaremos las dos **leyes de Kirchhoff**.

La primera ley de Kirchhoff dice:

*"La suma de las corrientes **I** entrantes a un nodo, deberá ser igual a la suma de las corrientes salientes"*, o bien *"La sumatoria de las corrientes **I** convergentes a un nodo deberá ser nula"*.

$$I_1 + I_2 + I_3 + ... + I_n = 0$$

$$\sum_{k=1}^{k=n} I_k = 0$$

Esto se evidencia en la fig. 1.11. Cuando se menciona en la primera ley de Kirchhoff *"la suma de las corrientes"*, se refiere a la suma algebráica, respetando el signo o polaridad que cada una posea, según sea entrante o saliente del nodo.

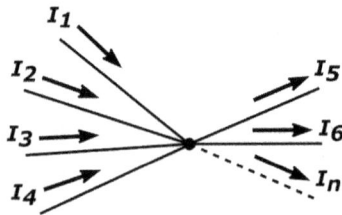

Fig. 1.11 Esquemas de las corrientes en un nodo

La segunda ley dice:

*"En el recorrido cerrado de un circuito eléctrico, la tensión **E** aplicada al mismo deberá ser igual a suma de todas las caídas de tensión producidas en dicho recorrido"*, o bien *"La sumatoria de las tensiones en una malla cerrada deberá ser cero"*.

$$\left(E_1 + E_2 + E_3 + ... + E_k\right) = \left(E_1 + E_2 + E_3 + ... + E_p\right)$$

$$\sum_{k=1}^{k=n} E_k - \sum_{p=1}^{p=m} E_p = 0$$

De lo expresado en las dos ecuaciones anteriores, asumimos que **k** (variable entre 1 y n) representa a la cantidad de generadores presentes en la malla cerrada, mientras que **p** (variable entre 1 y m) representa a la cantidad de cargas que provocan caídas de tensión en dicha nalla. Por lo tanto, podemos expresarlo matemáticamente como:

$$\sum_{k=1}^{k=n} E_k - \sum_{p=1}^{p=m} I_p \cdot R_p = 0$$

Al igual que en la primera ley de Kirchhoff, *"la suma de las caídas de tensión"*, se refiere a la suma algebráica, respetando su signo. En la fig. 1.12 queda evidenciado lo hasta aquí demostrado en forma matemática.

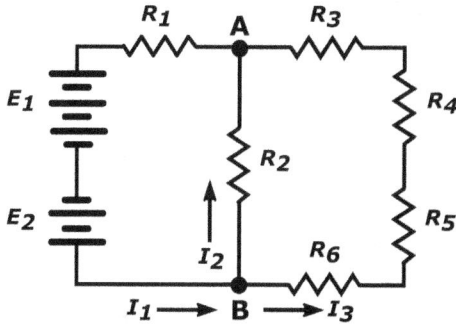

Fig. 1.12 Esquema de las tensiones en una malla cerrada

Analizaremos lo que en ella se ilustra. En principio, vemos el cumplimiento de la primera ley de Kirchoff en el *nodo B*, en el cual se da:

$$I_1 - I_2 - I_3 = 0$$

De igual manera se dará en el *nodo A* de dicho circuito, pero con sentidos de circulación opuestos al del *nodo B*, es decir:

$$-I_1 + I_2 + I_3 = 0$$

Ahora, en el circuito del ejemplo, observamos dos mallas cerradas. Una es la formada por las dos baterías E_1 y E_2 y los dos resistores R_1 y R_2 (primera malla). La otra es la formada por las mismas baterías E_1 y E_2 y los cinco resistores R_1; R_3; R_4; R_5 y R_6 (segunda malla).

Según la segunda ley de Kirchhoff, la suma de las tensiones en las dos mallas cerradas será cero. Ello quiere decir que en la 1ra. malla se da:

$$E_1 - E_2 = I_1 \cdot R_1 + I_2 \cdot R_2$$

mientras que en la 2da. malla cerrada se cumple que:

$$E_1 - E_2 = I_1 \cdot R_1 + I_3 \cdot \left(R_3 + R_4 + R_5 + R_6 \right)$$

Para las dos expresiones anteriores, se toman los signos según el sentido de las corrientes y las polaridades de las tensiones aplicadas.

Continuando el análisis con la fig. 1.12, observamos que los resistores R_3; R_4; R_5 y R_6 están conectados en serie, por lo tanto la caída de tensión entre los *nodos* **A** y **B** (V_{AB}) será igual a la suma de las caídas de tensión individuales en cada resistor, es decir:

$$V_{AB} = I_3 \cdot \left(R_3 + R_4 + R_5 + R_6\right)$$

Por lo tanto, podemos reemplazar a los resistores **R₃**; **R₄**; **R₅** y **R₆** por un resistor equivalente **R$_S$** cuyo valor ohmico será la suma de todos ellos. Dicha resistencia **R$_S$** quedará en paralelo con **R₂**. Para obtener el valor de una resistencia equivalente a estos dos resistores, se deberá aplicar la siguiente fórmula, denominada *producto sobre suma*, a saber:

$$R_P = \frac{R_1 \cdot R_2 \cdot R_3 \cdot \ \cdots \ \cdot R_n}{R_1 + R_2 + R_3 + \ \cdots \ + R_n}$$

Para el caso específico de nuestro ejemplo, queda:

$$R_P = \frac{R_S \cdot R_2}{R_S + R_2}$$

Para finalmente obtener la resistencia equivalente total del circuito **R$_T$**, deberemos sumar el valor de **R$_p$** al de **R₁**, ya que se encuentran en serie. Expresando **R$_T$** en una sola ecuación, en función de los valores de resistencia que el circuito posee, nos queda:

$$R_T = R_1 + \frac{\left(R_3 + R_4 + R_5 + R_6\right) \cdot R_2}{R_3 + R_4 + R_5 + R_6 + R_2}$$

De lo analizado, vemos que aplicando las leyes de Kirchhoff y la ley de Ohm podemos afirmar lo siguiente:

1. *La corriente en un circuito serie **I$_S$** es común a todos sus elementos.*
2. *La tensión en un circuito paralelo **V$_P$** resulta común a todos sus elementos.*
3. *La resistencia total serie **R$_S$** resulta de sumar los valores de los resistores en cuestión.*
4. *La resistencia total paralelo **R$_P$** resulta de aplicar la fórmula correspondiente (producto sobre suma) entre los resistores en cuestión.*
5. *La potencia total disipada **P$_T$** en todos los casos es la suma de las potencias disipadas individualmente por cada resistor.*

Lo aquí enunciado, se expresa con claridad en el resumen de la Tabla 1.2, en el cual se contemplan todos los casos en forma generalizada. Con lo detallado, se tiene el material suficiente como para poder hallar los valores de resistencia equivalente en cualquier tipo de montaje resistivo.

TABLA 1.2	
Resumen de los circuitos resistivos serie y paralelo	
Circuito Serie	*Circuito Paralelo*
$R_S = R_1 + R_2 + R_3 + \cdots + R_n$	$\dfrac{1}{R_p} = \dfrac{1}{R_1} + \dfrac{1}{R_2} + \dfrac{1}{R_3} + \cdots + \dfrac{1}{R_n}$
$I_S = I_1 = I_2 = I_3 = \cdots = I_n$	$I_P = I_1 + I_2 + I_3 + \cdots + I_n$
$V_S = V_1 + V_2 + V_3 + \cdots + V_n$	$V_P = V_1 = V_2 = V_3 = \cdots = V_n$
$P_S = P_1 + P_2 + P_3 + \cdots + P_n$	$P_P = P_1 + P_2 + P_3 + \cdots + P_n$

Por lo general, cuando uno trabaja en corriente alterna, se mencionan los valores de tensión y de corriente como **valores eficaces**.

Podemos definir entonces **valor eficaz** como el *valor de corriente continua equivalente*, necesario para producir el mismo *efecto térmico* (trabajo o disipación) en un circuito determinado en la misma cantidad de *tiempo* **t** que una corriente alterna dada.

De la definición dada, podemos afirmar que el comportamiento en corriente alterna se asemeja al de corriente continua, siempre que se tomen los valores eficaces. De ser así, tienen validez los razonamientos y desarrollos de este capítulo tanto en corriente continua como en corriente alterna.

Caso contrario, exclusivamente para corriente alterna, pueden determinarse valores instantáneos de tensión, corriente y potencia si son aplicados las desarrollos detalladas para un instante perfectamente definido de las tensiones y corrientes aplicadas.

De la misma forma, se pueden trasladar los desarrollos para los elementos no lineales (LDR; PTC; NTC: DVR) bajo condiciones de operación controladas (con las variables como la intensidad lumínica, la temperatura o la tensión, según el caso del dispositivo no lineal del que se trate, como constantes) o instantáneas.

CAPITULO 2

CAPACITORES

Definiciones

El **capacitor** o **condensador eléctrico** es un dispositivo capaz de poder almacenar una carga eléctrica. Su estructura básica consiste en dos placas metálicas separadas entre si y aisladas una de la otra por un material aislante llamado dieléctrico.

Los cuerpos materiales que poseen cargas eléctricas opuestas se atraen entre si por una fuerza cuya intensidad se calcula mediante la *Ley de Coulomb*. Esta fuerza dependerá de la intensidad del *campo eléctrico* **q** y del *voltaje* **v** entre esos cuerpos, observando que para cada configuración particular de dos cuerpos cargados (con los mismos cuerpos y con una separación entre ellos constante), la relación existente entre carga y voltaje resulta constante. Esta se expresa matemáticamente como:

$$\frac{q}{v} = C$$

A la constante **C** se le llama **capacitancia**. Definiéndolo de otra forma, la **capacitancia** es la *cantidad de carga* que una determinada configuración puede almacenar por cada volt de diferencia de potencial que exista entre los cuerpos (fig. 2.1).

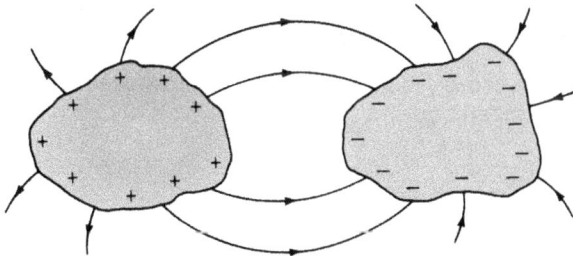

Fig. 2.1 Esquema de dos cuerpos con cargas opuestas

Si se construye un componente de forma tal que posea en forma deliberada un valor determinado de *capacitancia*, a ese elemento se lo llama **capacitor** o **condensador**. Su unidad de medida es el *Faradio* (F), y se expresa como:

$$1\ Faradio = \frac{1\ Coulomb}{1\ Volt}$$

El *Coulomb* resulta una cantidad muy grande de carga y la cantidad de carga almacenada en la mayoría de los capacitores reales es mucho más pequeña que ella. Esto hace que el *Faradio* como unidad de medida sea demasiado elevada para describir los valores de capacidad. Por ello, es común ver la capacidad expresada en fracciones del *Faradio*, como por ejemplo en *picofaradios* (1 pF = 10^{-12} F) y en *microfaradios* (1 μF = 10^{-6} F). Si la configuración empleada es la de dos placas de metal paralelas y separadas por una distancia muy pequeña, se denominan *capacitores de placas paralelas* (fig. 2.2).

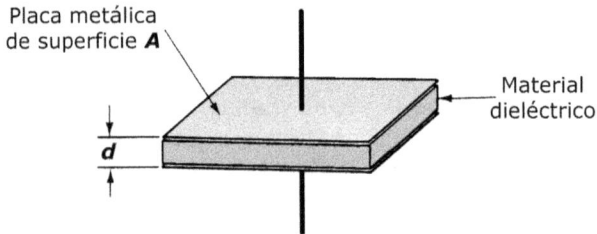

Fig. 2.2 Esquema de un capacitor de placas paralelas

El valor de la capacidad para este caso se calcula mediante la siguiente ecuación, a saber:

$$C = \frac{K \cdot \varepsilon_0 \cdot A}{d}$$

en donde **K** es la *constante dieléctrica relativa* (también denominada ε_r), **ε_0** es la *permisividad absoluta* (siendo una constante de valor ε_0 = 8,85 x 10^{-12} F/m), **A** es la *superficie de las placas* (en metros cuadrados), y **d** es la *distancia entre las placas* o espesor del material dieléctrico (en metros). Analizando esta ecuación, se observa que para aumentar el valor de capacidad en una estructura de placas paralelas, se puede aumentar la superficie de las placas, disminuir la distancia entre ellas o bien, incrementar el valor de la constante dieléctrica del material interpuesto entre las mismas. Expresándolo de otra forma, podemos afirmar que la *capacidad C* es proporcional a la superficie de las placas y al valor de la *constante dieléctrica K*, e inversamente proporcional la distancia entre placas o al *espesor d* de la película dieléctrica.

Los dieléctricos más comunes incluyen una gran variedad de materiales (aire, mica, cerámica, papel, poliéster, aceite, óxidos, vacío, etc.) dependiendo el uso de un material frente a otro del propósito o uso del dispositivo (radiofrecuencia, alta tensión, etc.). Según el dieléctrico utilizado, varía el tipo de construcción. Tanto los tipos de capacitores como los métodos de fabricación mas usuales serán descriptos a continuación.

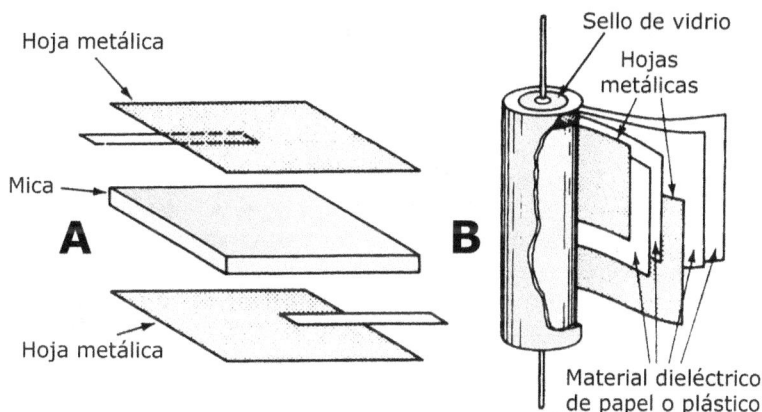

Hoja metálica

Mica

A

Hoja metálica

Sello de vidrio

Hojas metálicas

B

Material dieléctrico de papel o plástico

Fig. 2.3 Esquemas de capacitores de mica y de papel o plástico

En la fig. 2.3 vemos dos tipos diferentes de capacitores. En la sección A de dicha figura, observamos en forma esquemática un capacitor con mica como dieléctrico, mientras que en la sección B, vemos un capacitor arrollado con aislación de papel o plástico.

La mica es un mineral transparente que puede ser separado con facilidad en hojas de espesor uniforme (0,0025 mm aproximadamente), con una alta rigidez dieléctrica y poca reactividad frente a los productos químicos (prácticamente inerte).

Los capacitores de mica son fabricados con múltiples formas geométricas, intercalando capas de mica entre dos capas metálicas. En algunas oportunidades, la capa metálica se logra mediante un depósito de plata. Una vez que se han apilado la cantidad necesaria de capas, se presionan y se encapsulan con un recubrimiento plástico. La corriente de fuga de este tipo de capacitor es baja, aunque no pueden lograrse valores muy elevados de capacidad (1 pF a 0,1 μF).

Los capacitores de papel y de material plástico son muy utilizados. Su popularidad se debe a sus bajos costos y a su amplio rango de capacidad (desde 500 pF hasta 50 μF). Pueden ser diseñados para altas tensiones de operación. En el caso de los capacitores de papel, poseen corrientes de fuga y tolerancias elevadas (± 10 al 20%). Esto limita su uso en determinadas aplicaciones. El formato de muchos capacitores de papel es cilíndrico porque se fabrican enrollando una serie de capas de metal y hojas de papel impregnado para formar un tubo. Se pueden emplear diferentes sustancias (aceite, cera, plástico, etc.) para impregnar el papel. Si es empleado papel con metal depositado en lugar de papel y láminas delgadas de metal, se puede minimizar el tamaño del capacitor hasta en un 50%, y reducir las corrientes de fuga en un 90%.

Cuando las películas de papel son reemplazadas por material plástico (mylar, teflón, polietileno), se mejoran significativamente los valores de tensión de ruptura y se disminuyen las corrientes de fuga, aún a temperaturas de operación cercanas a los 150-200°C.

Una vez conectados los terminales eléctricos, se encapsula el capacitor con papel encerado o con plástico.

Respecto a los de tipo cerámico, existen comercialmente dos tipos: el de baja constante dieléctrica con baja corriente de pérdida y el de alta ruptura.

Los de baja pérdida poseen alta resistencia de fuga (1.000 MΩ) y pueden ser aplicados en requerimientos de alta frecuencia (circuitos detectores).

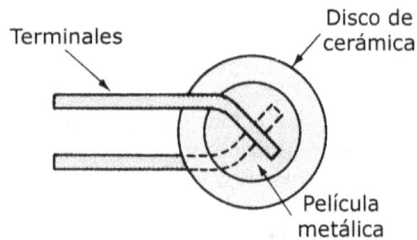

Fig. 2.4 Capacitor cerámico

　　Con los capacitores de alta ruptura o alta constante dieléctrica se logra un valor de capacidad elevado en un tamaño reducido. La desventaja es la gran variación en su valor de capacidad al variar la temperatura, el voltaje de corriente continua y la frecuencia actuantes sobre él.

　　Resulta común utilizar la construcción tipo disco (fig. 2.4) para la fabricación de capacitores cerámicos. Se cubre con metal un disco o placa de cerámica en ambas caras, se fijan los terminales al metal y se encapsula con una cubierta de plástico o cerámica para preservarlo de la humedad ambiente.

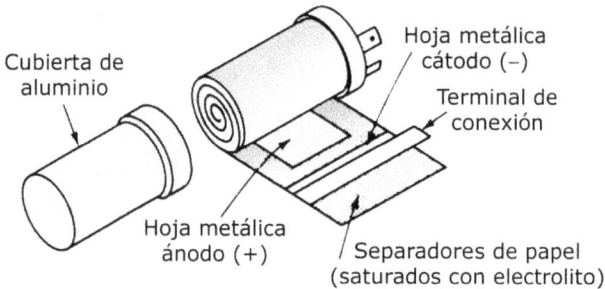

Fig. 2.5 Esquema de un capacitores electrolítico laminar arrollado

　　Los capacitores electrolíticos se fabrican generalmente de aluminio o de tantalio. La estructura del capacitor electrolítico de aluminio consiste en dos láminas de este metal, una de las cuales estará recubierta por una delgada capa de óxido. La capa de óxido se hace crecer sobre el metal mediante un proceso electroquímico de *"formación"*, en el cual se genera la película de óxido (Al_2O_3) aplicándole tensión y dejando que actúe el electrolito. En el proceso de formación, la tensión a la que se conecta el capacitor se denomina *tensión de formación* V_F. Para no provocar variaciones de espesor en la capa de óxido durante el funcionamiento, se determina la *tensión máxima de régimen* V_R entre un 60 a un 80% de V_F. La *constante dieléctrica relativa* del óxido de aluminio Al_2O_3 es aproximadamente de 8, y su *rigidez dieléctrica* es de 7×10^8 V/m.

　　El espesor de óxido obtenido dependerá de la tensión aplicada (fig. 2.3). Las láminas de aluminio estarán separadas por una fina capa de óxido de aluminio, que no es conductor y posee una constante dieléctrica muy alta. La lámina sin óxido es conectada a la carcaza del capacitor (cátodo o terminal negativo). El otro terminal será identificado mediante marcación de polaridad en el cuerpo del capacitor. Se deberá respetar la polaridad indicada, ya que si se invierte la misma, la acción química del electrolito disolverá la capa de óxido y lo destruirá. Con estos capacitores se logran valores de capacidad muy elevados (1 a 500.000 µF), pero poseen resistencias de fuga de 1 MΩ.

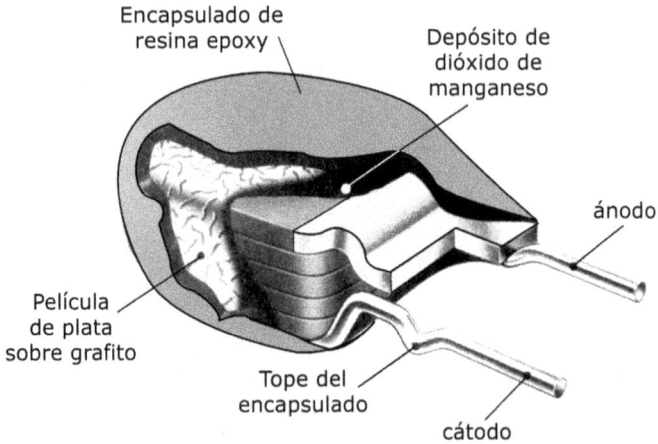

Fig. 2.6 Esquemas de un capacitor electrolítico de aluminio sólido

Otro tipo de fabricación es la de los *capacitores electrolíticos sólidos*, en el que el electrodo opuesto al ánodo, denominado cátodo, está conformado por dióxido de manganeso (MnO$_2$). Estos capacitores también poseen polaridad, la cual deberá ser respetada al ser conectados en algún circuito o a una fuente de corriente continua.

Respecto a los capacitores con dieléctrico de aire, podemos mencionar a modo de ejemplo los capacitores variables utilizados en los circuitos resonantes de los sintonizadores de radio. En ellos, existe una cantidad de placas (generalmente de aluminio) montadas fijas sobre una estructura y otra cantidad de placas semicirculares montadas sobre un eje central. Al girar el eje, variará la superficie enfrentada entre las placas fijas y las móviles, modificando de esta forma la capacidad resultante. Existen otros tipos de capacitores, los que varían su valor de capacidad mediante regulación de la distancia entre placas.

Ahora analizaremos el comportamiento de los capacitores bajo distintas circunstancias de funcionamiento. Comencemos el análisis aplicando corriente continua entre sus terminales. Para ello nos ayudaremos con el circuito de la fig. 2.7.

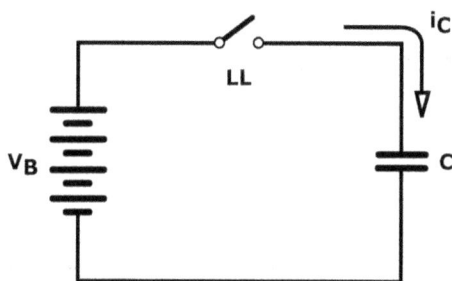

Fig. 2.7 Circuito para el estudio de un capacitor en corriente continua

En él tenemos una *fuente de corriente continua* V_B, un *capacitor* **C** y una *llave interruptora* **LL**. En las condiciones que se encuentra ilustrado, diremos que se encuentra en el instante t_0. Un instante después, denominado t_1, el interruptor **LL** se cierra, con lo que circulará una corriente eléctrica i_C variable en el tiempo. Dicha corriente i_C cargará el capacitor **C** hasta que la tensión entre bornes del mismo alcance la tensión de la fuente V_B. A medida que la tensión entre bornes del capacitor se aproxime más al valor de la fuente, menor será la corriente de carga del capacitor i_C. En teoría, cuando el capacitor **C** alcance su carga máxima, la corriente i_C será igual a cero y la tención sobre el capacitor V_C será la misma que la de la fuente V_B. En el prototipo real, esto nunca será así, ya que el capacitor posee fugas de corriente y el valor de tensión V_C será muy semejante al de fuente V_B, pero nunca igual.

Si luego de esto, en un instante t_2, se abre el interruptor **LL**, observaremos que el capacitor conserva la carga adquirida. En teoría, este estado de carga se mantendría indefinidamente, ya que no existiría ningún motivo para que el capacitor se descargara. La única forma de que esto ocurriese sería interconectando entre sus bornes una resistencia de carga R_C, a través de la cual circularía una corriente i_{RC} decreciente, (instante t_3) hasta lograr la descarga total del capacitor **C** (instante t_4). Esto mismo, a continuación, lo expresamos gráficamente (fig. 2.8).

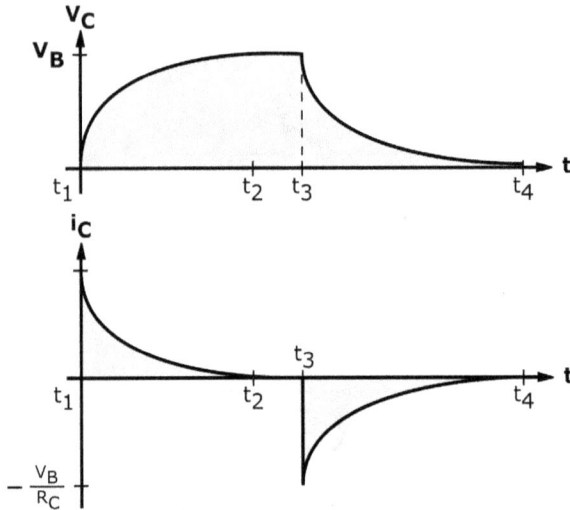

Fig. 2.8 Curvas de carga y descarga de un capacitor en CC

Por lo analizado y observando lo graficado, deducimos que la corriente de carga posee dirección inversa a la de descarga.

El tiempo de carga y de descarga estará fijado por el valor de resistencia que se encuentre en serie con el capacitor y el valor de capacidad que el mismo posea. Siguiendo el ejemplo dado, el tiempo transcurrido desde t_3 a t_4 estará fijado por el valor capacitivo de **C** y el valor resistivo de R_C, mientras que el tiempo entre t_1 y t_2 estará fijado por el valor de la capacidad y la *resistencia interna de la fuente de alimentación R_i*. A este valor se lo denomina τ (Tao), y se lo obtiene mediante el producto del valor de **C** y el de R_C ó R_i, según corresponda. En los ejemplos dados, será τ_C (Tao de carga) con R_i y τ_d (Tao de descarga) con R_C.

En conclusión, el capacitor en corriente continua tiene un período de carga, luego del cual en condiciones ideales, de permanecer conectada la fuente de corriente continua entre sus terminales, no circulará corriente alguna. En condiciones reales, circulará una pequeña corriente correspondiente a las pérdidas por aislación que posea el material dieléctrico.

Ahora analizaremos su comportamiento en corriente alterna. Cuando se aplica una *tensión sinusoidal* **v(t)** entre los terminales de un capacitor (considerado carga capacitiva pura), el mismo tiende a cargarse al valor instantáneo de dicha señal. La *corriente de carga del capacitor* **i(t)** seguirá las fluctuaciones de la fuente de corriente alterna, mientras que la tensión sobre el capacitor **v(t)** sufrirá un desfasaje de -90º (desde el punto de vista vectorial) respecto a la *corriente* **i(t)** del mismo.

Gráficamente lo representamos como (fig. 2.9):

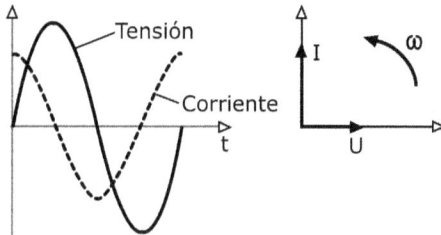

Fig. 2.9 Curvas de tensión y corriente en un capacitor en CA

La impedancia que ofrecerá el capacitor a la corriente alterna se denomina **reactancia capacitiva X_C**, y es función del valor de capacidad **C** y de la frecuencia de trabajo **f**. En forma matemática se expresa en la siguiente ecuación como:

$$X_C = \frac{1}{\omega \cdot C}$$

pero como:　　$\omega = 2\pi \cdot f$

$$X_C = \frac{1}{2\pi \cdot f \cdot C}$$

Podemos deducir por simple observación de la ecuación precedente, que el valor de *reactancia* X_C es inversamente proporcional al valor de la *capacidad* **C** y al de la *frecuencia* **f** (o de la *pulsación* ω). Es decir que cuanto mayor sea la *frecuencia de operación* **f**, menor será el valor de la *reactancia capacitiva* X_C, de igual manera ocurrirá con incrementos en el valor numérico de la *capacidad* **C**.

Esto se puede expresar de la siguiente forma:

$$\lim_{f\to\infty} X_C = 0 \quad ; \quad \lim_{C\to\infty} X_C = 0$$

lo que se lee de la siguiente forma: el límite de la *reactancia capacitiva* X_C tiende a cero cuando el valor de la *frecuencia f* tiende a infinito; y el límite de la *reactancia capacitiva* X_C tiende a cero cuando el valor de la *capacidad C* tiende a infinito.

Uniendo los conceptos estudiados en corriente continua (CC) y en corriente alterna (CA), podemos afirmar que el capacitor o condensador resulta útil, por ejemplo, para separar etapas en corriente continua con diferente potencial (acople entre etapas transistorizadas), y a la vez permitir el paso de señales alternas a través de él. También se utiliza como integrador en etapas de detección de señal (en sintonizadores de radio para señales moduladas en amplitud), como filtro de salida en fuentes de potencia, como filtro de línea para eliminación de transitorios, etc.

Cuando se utiliza para separar etapas en continua y acoplarlas en alterna, el valor asignado al *capacitor C* deberá ser tal que su *reactancia capacitiva* X_C sea mínima a la frecuencia de operación (fig. 2.10).

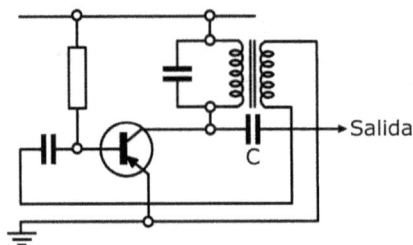

Fig. 2.10 Circuito oscilador con salida desacoplada por capacitor

Por ejemplo, si se quiere obtener de un circuito oscilador como el ilustrado la señal sinusoidal producida libre de componente continua, se buscará que la reactancia capacitiva interfiera a la frecuencia de operación lo menos posible, debiendo ésta resultar despreciable frente al resto de las resistencias o impedancias intervinientes en las etapas posteriores al oscilador (impedancia de entrada, valor de la resistencia de carga, etc.).

En separación de etapas de audio, donde la frecuencia es muy variada (20 a 20.000 Hz) con gran contenido de armónicas y subarmónicas, para el cálculo de los capacitores se tomará la frecuencia más baja de toda la banda o rango de frecuencias.

Ahora (Tabla 2.1) haremos una descripción comparativa entre todos los tipos de capacitores estudiados en este capítulo.

TABLA 2.1

Dieléctrico utilizado	Rango de C	Tolerancia [%]	R_{fuga} [MΩ]	$V_{máx}$	Frecuencia [Hz]
Mica	1 pF a 0,1 μF	± 1 a ± 20	1.000	500 V a 75 kV	10^3 a 10^{10}
Cerámica	1 pF a 0,001 μF	± 2 a ± 20	1.000	400 V a 6 kV	10^3 a 10^{10}
Cerámica (alto K)	100 pF a 0,1 μF	± 10 a ± 50	30 a 100	100 V o menor	10^3 a 10^8
Papel	1000 pF a 50 μF	± 10 a ± 20	100	100 V a 100 kV	100 a 10^8
Poliester	500 pF a 10 μF	± 0,5 a ± 10	10.000	1.000 V o menor	0 a 10^{10}
Mylar	5000 pF a 10 μF	± 5 a ± 20	10.000	100 V a 600 V	100 a 10^8
Electrolítico	0,47 μF a 0,7 F	± 20 a ± 60	1	500 V o menor	10 a 10^4

De lo reflejado en la tabla, podemos afirmar que sin lugar a dudas, el capacitor con mayor rango de frecuencia, menor resistencia de fuga y mayor tensión de ruptura es el de mica. Su mayor desventaja es su reducido valor de capacidad. En el otro extremo, los mayores valores de capacidad se obtienen con los capacitores electrolíticos, pero poseen una resistencia de fuga elevada, comparativamente con los demás tipos de capacitores. A su vez, el rango de tolerancia es muy amplio, lo que en algunas aplicaciones puede traer problemas de diseño.

El rango de temperatura de trabajo para la mayoría de capacitores, salvo que se indique lo contrario, es de – 20 °C a + 60 °C, pudiéndo haber rangos más amplios para especificaciones más estrictas (uso militar).

Existen varias formas de codificar las características del capacitor. La más sencilla de es la impresión sobre la superficie del mismo el valor y características de régimen máximo (fig. 2.11).

Otra alternativa es la identificación mediante el código de colores (ver

Apéndice 2), la cual varía según el tipo de capacitor a identificar.

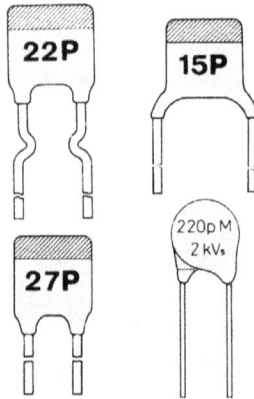

Fig. 2.11 Ejemplos de identificación impresa en el cuerpo del capacitor

Ahora analizaremos cómo se pueden obtener las capacidades equiva-
lentes en los posibles montajes. Por realizar una simple comparación, sus
equivalencias resultan inversas a las detalladas en el capítulo anterior
para los resistores.

Cuando se conectan dos o más *capacitores C* en paralelo, indirecta-
mente se produce el efecto de sumar las superficies de las placas enfren-
tadas de cada uno de ellos, con lo cual la capacidad se ve aumentada en
función directa a la suma de las superficies.

Esto equivale a decir que la *capacidad total equivalente Cp* resultará
ser la suma de los dos o más capacitores que se encuentren conectados
en paralelo.

Cuando se conectan dos o más *capacitores C* en serie, se produce el
efecto de estar aumentando la *distancia d* que separa a las placas del
condensador, por lo que el valor de *capacidad C* se verá reducido.

La *capacidad total equivalente Cs* se calculará utilizando la siguiente
ecuación (producto sobre suma), a saber:

$$C_S = \frac{C_1 \cdot C_2 \cdot C_3 \cdot \; \cdots \; \cdot C_n}{C_1 + C_2 + C_3 + \; \cdots \; + C_n}$$

Respecto a la tensión, en un circuito serie se repartirá entre todos los capacitores que se encuentren conectados, mientras que en una conexión paralelo, el potencial será el mismo para todos.

La corriente que se establezca en un circuito serie será la misma para todos los elementos, mientras que para un circuito paralelo, la suma de la corriente de cada rama dará la corriente total.

Como ya hemos estudiado, en corriente continua habrá una corriente de carga inicial, y luego, de no existir consumo, la corriente descenderá a valores cercanos a cero. En cambio, en corriente alterna, el *capa-*

TABLA 2.2
Resumen de los circuitos capacitivos serie y paralelo

Circuito Serie	*Circuito Paralelo*
$\dfrac{1}{C_S}=\dfrac{1}{C_1}+\dfrac{1}{C_2}+\dfrac{1}{C_3}+\cdots+\dfrac{1}{C_n}$	$C_P=C_1+C_2+C_3+\cdots+C_n$
$I_S=I_1=I_2=I_3=\cdots=I_n$	$I_P=I_1+I_2+I_3+\cdots+I_n$
$V_S=V_1+V_2+V_3+\cdots+V_n$	$V_P=V_1=V_2=V_3=\cdots=V_n$

citor **C** presentará una *impedancia* X_C (reactancia capacitiva) que dependerá de la frecuencia de dicha corriente. Al paso de la corriente alterna,
el capacitor será visto desde el generador o la fuente de suministro de
señal como un simple resistor de un valor óhmico equivalente al valor que
la reactancia capacitiva X_C presente a la frecuencia de trabajo.

CAPITULO 3

INDUCTORES

Introducción

La **inductancia** es la propiedad que poseen determinados dispositivos, llamados **inductores**, los cuales reaccionan ante cualquier variación en la corriente que los atraviesa. Los **inductores** son componentes diseñados para ser empleados en determinadas aplicaciones con el propósito de oponerse a cambios bruscos en la corriente que los atraviesan (principio de Inducción) y así efectuar una función de control.

Un inductor primario consiste en una o varias espiras de alambre conductor (generalmente de cobre o de aluminio, bobinado sobre un núcleo magnético o no), las cuales son atravesadas por una corriente.

Michael Faraday (1791-1867) investigó los campos magnéticos y los concibió como líneas de fuerza partiendo de un polo magnético y retornando hacia el otro. La cantidad total de líneas de fuerza generadas por el *magneto* definen su *flujo magnético*. La *cantidad de flujo por unidad de superficie* se denomina *densidad de flujo* **B**.

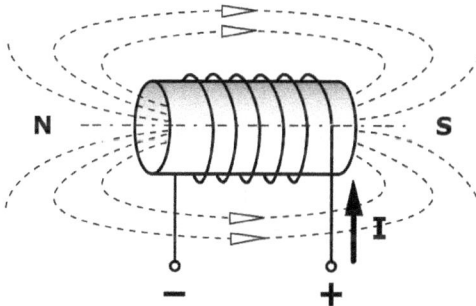

Fig. 3.1 Efecto de una inductancia en corriente continua

La *intensidad del campo magnético* queda determinada por la fuerza que ejerce sobre un bobinado determinado la corriente que lo atraviesa. La *ley de Biot-Savart* establece que si el bobinado del inductor es atravesado por una *corriente I* y si el mismo se encuentra perpendicular al *campo magnético*, la *fuerza F* sobre el bobinado en cuestión estará en dirección perpendicular a ambos y resultará proporcional a la *densidad del flujo magnético B* establecido, al valor de *corriente I* y a la *longitud del bobinado l*. Matemáticamente lo expresamos como:

$$B = \frac{F}{I \cdot \ell}$$

Si la corriente aplicada a la bobina es continua, se generará un campo magnético constante (electroimán) con un *polo norte N* y un *polo sur S* perfectamente definidos (fig. 3.1).

En cambio, si la corriente varía en función del tiempo, el valor de la corriente *i(t)* producirá un campo magnético variable (fig. 3.2).

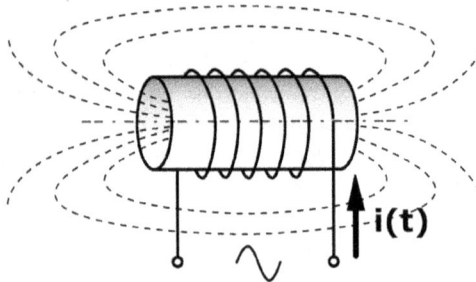

Fig. 3.2 Efecto de una inductancia en corriente alterna

La energía eléctrica fluctuante transformada en energía magnética, producirá una fuerza electromotriz (f.e.m.), la que será la causante de generar una tensión inducida sobre la misma bobina de sentido contrario a la variación del voltaje aplicado. Este principio es el que se desarrollará en el presente capítulo.

Cuando un inductor se usa junto con un condensador, dispuestos en configuración serie (RC serie), el voltaje en el inductor alcanza un máximo para un valor determinado de frecuencia. Conjugando los principios de los condensadores y los inductores, se pueden diseñar diversos filtros llamados "resonantes" (que "resuenan" a una determinada frecuencia en particular). Se especificarán en el Capítulo 4 sus comportamientos, montajes típicos y formas de cálculo.

Análisis de los inductores

La fuerza *contraelectromotriz* es directamente proporcional a la velocidad con que cambie la corriente a través de la bobina.

Se denomina *coeficiente de autoinducción L* a la velocidad de variación de la corriente. Dicho coeficiente se expresa en *Henry* [H]. Se dice que un circuito posee un *Henry* de autoinducción cuando variando la corriente a través de la bobina a un *ampere por segundo* [A/s] se induce en él una tensión de un *volt*. Matemáticamente se expresa como:

$$V_L = L\,\frac{\partial i}{\partial t}$$

En corriente alterna, el inductor presentará una *impedancia* llamada *reactancia inductiva* X_L; y es directamente proporcional al *coeficiente de autoinducción L* y a la *frecuencia f*. Dicho valor se expresa en *ohm* [Ω] y está definida matemáticamente como:

$$X_L = \omega.L = 2\pi.f.L$$

Obsérvese que al igual que la *reactancia capacitiva* X_C, la *reactancia inductiva* X_L depende de la frecuencia. Sin embargo, para los inductores la reactancia aumenta con un aumento de la *frecuencia f*.

Los inductores reales poseen una resistencia interna, propia del alambre con que están confeccionados. Este valor de resistencia, por lo general no se especifica, pero se emplea un factor llamado *factor de calidad Q*, el cual da la relación entre la reactancia inductiva con respecto a su resistencia a una frecuencia específica, o sea:

$$Q = \frac{\omega.L}{R} = \frac{2\pi.f.L}{R}$$

En el caso de un inductor ideal la resistencia del bobinado sería cero (R=0); y el factor *Q* sería infinito. En los inductores reales, para una bobina de excelente calidad, el factor *Q* tiene en un valor cercano a 1.000.

Para aplicaciones en baja frecuencia, se emplean bobinas con alto valor de inductancia (mayor a 5 Henry). Se emplean núcleos confeccionados en hierro o acero laminado al silicio.

Para aplicaciones en alta frecuencia, se emplean bobinas mucho más pequeñas (10^{-3} a 10^{-4} Henry) con núcleo de ferrite.

Para obtener regulación del valor de inductancia, se puede realizar de dos formas. Una forma es variar la cantidad de espiras afectadas al circuito (fig. 3.3), y la otra es alterar el circuito magnético variando la posición relativa del núcleo (núcleo móvil) respecto al bobinado (fig. 3.4). Esta última alternativa es utilizada comúnmente en radio frecuencia.

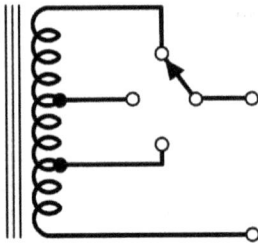
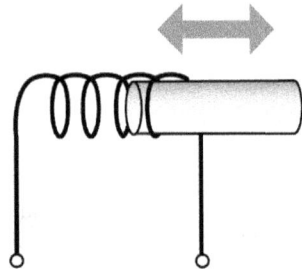

Fig. 3.3   Fig. 3.4

Transformadores

El *transformador* es un sistema de inducción (máquina eléctrica estática), destinado a transformar una determinada corriente variable en el tiempo, en otra de intensidad y tensión menor, igual o mayor; logrando de esta forma una transferencia de energía eléctrica. Se trata entonces de una máquina para ser usada exclusivamente con tensiones variables, por lo general de corriente alterna. El principio empleado en los transformadores es el de *inductancia mutua*. Cuando se combinan dos inductores sobre un mismo núcleo, se genera una relación entre los dos bobinados a través del campo magnético que los recorre. Su funcionamiento se fundamenta en la producción de fuerzas electromotrices en las bobinas, a causa del flujo magnético variable. El bobinado por donde ingresa la señal o energía a transformar se llama **primario**, y el flujo que se produce en su circuito magnético alcanza a los dos o más bobinados que conforman al transformador.

El valor de ese flujo magnético dependerá de la magnitud de la señal primaria y del *número de espiras del bobinado primario* N_1. El bobinado por donde egresa la señal, tensión o energía transformada se llama **secundario**, en donde se produce una tensión inducida (fuerza electro-

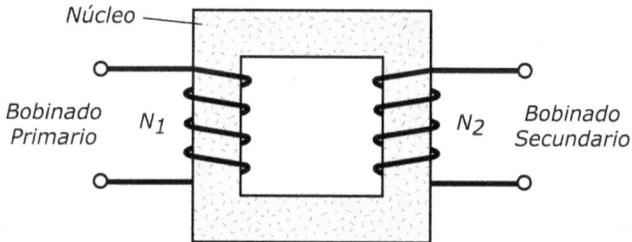

Fig. 3.5 Esquema de un transformador típico

motriz) de igual frecuencia que la señal primaria y proporcional en magnitud al *número de espiras del bobinado secundario N_2*. La relación entre la cantidad de espiras del primario N_1 y del secundario N_2 se denomina *relación de transformación*. Dicha relación puede resultar menor, igual o mayor que la unidad. Eligiendo convenientemente la cantidad de espiras N_1 y N_2, será posible obtener tres variantes sobre la relación de transformación, definiendo ello los tipos de transformadores, los cuales son:

* **Transformador reductor**: es aquel en que la tensión secundaria es menor que la primaria ($N_2 < N_1$).
* **Transformador separador**: es aquel en que las magnitudes primarias y secundarias son idénticas, y la finalidad de su construcción es separar circuitos eléctricos entre sí ($N_2 = N_1$).
* **Transformador elevador**: es aquel en que la tensión secundaria es mayor que la primaria ($N_2 > N_1$).

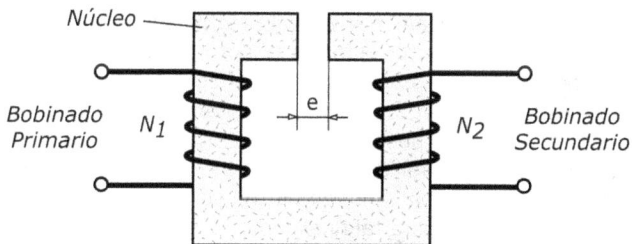

Fig. 3.6 Esquema de un transformador con entrehierro

Dentro de los diferentes tipos, los hay para corrientes débiles y altas frecuencias, usados comúnmente en circuitos de RF en electrónica; para frecuencias de suministro de red (50 ó 60 Hz) y elevadas corrientes, de uso en instalaciones de potencia; de alto poder dieléctrico para reducción de tensión de la red de extra alta tensión (500 kV) a alta tensión (132 kV) o a media tensión (13,2 kV), etc.

El circuito que recorrerá el flujo magnético tanto en un inductor como en un transformador no es ideal, por lo que se produce una pérdida de potencia. La magnitud de dicha pérdida dependerá de la calidad del material empleado como núcleo (chapa de acero al silicio, grano orientado, ferrite, etc.), del grado de saturación del mismo, y de la frecuencia de trabajo del sistema. Las pérdidas se incrementarán cuanto mayor sea la frecuencia y la magnitud de flujo magnético que llegue a producir la saturación del núcleo.

Cuando en el circuito magnético existen cortes o interrupciones en el núcleo al paso del flujo magnético se los denomina entrehierros (fig. 3.6).

Ellos también son un motivo de pérdidas de potencia por efecto Joule (calentamiento), pero pueden ser utilizados ventajosamente para determinadas aplicaciones en que se desee ajustar la corriente de cortocircuito (principio de reactor saturable utilizado en los equipos de soldadura por arco eléctrico) variando la distancia del entrehierro **e**.

Características de los materiales ferromagnéticos

Refiriéndonos específicamente al material utilizado como núcleo del *inductor* o *transformador*, podemos afirmar que cuando una sustancia ferromagnética no imantada (por ejemplo hierro) es sometida a un campo magnético periódicamente variable (como ser un campo magnético producido por un inductor alimentado por una corriente alterna), se magnetiza (por inducción) primero en un sentido (semiciclo positivo de la corriente) y luego en el opuesto (semiciclo negativo), siguiendo las variaciones del flujo producido por la corriente alterna suministrada. En esta circunstancia, el material ferromagnético del núcleo adquiere un determinado *magnetismo residual* o *remanente*, cuyo valor dependerá del tipo de material seleccionado para tal finalidad.

En consecuencia, el campo magnético inducido deberá ser superior e imponerse al campo magnético remanente del núcleo, tanto en un senti-

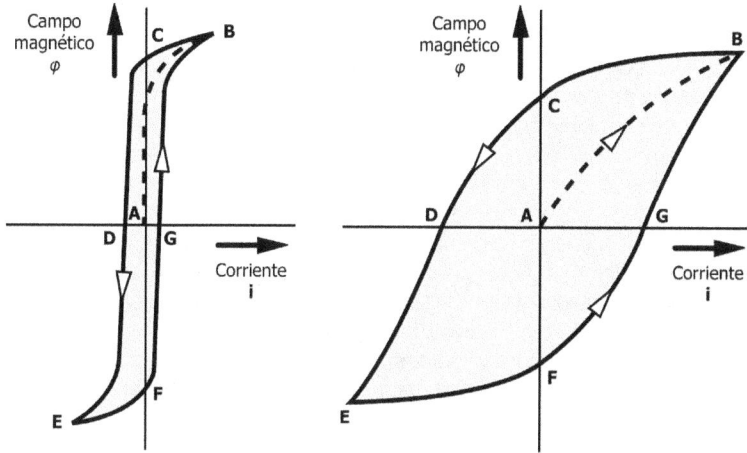

Línea de trazos AB: Magnetización inicial desde **A** (cero) hasta la saturación positiva **B**.

Línea continua BE: Cambio en el sentido de la *corriente i* y del *campo magnético φ* hasta la *saturación negativa* **E**.

Línea continua EB: Nuevo cambio en el sentido de la *corriente i* y del *campo magnético φ* hasta retornar a la *saturación positiva* **B**.

Fig. 3.7 Lazo de histéresis para dos diferentes materiales

do del flujo magnético como en el opuesto. Ello provoca que la curva de magnetización de un material ferromagnético se convierta en un bucle o lazo denominado **ciclo de histéresis**. Este se ve graficado en la fig. 3.7 para dos materiales ferromagnéticos diferentes. En el esquema de la izquierda, se representa el ciclo de histéresis para un material magnéticamente suave (por ejemplo el hierro dulce) mientras que en el de la derecha observamos un ciclo para un material magnéticamente duro (como por ejemplo el acero). En dichos esquemas observamos que una vez que el material del núcleo ha alcanzado su saturación magnética, aún cuando sea interrumpido el campo magnético inducido, el material ferromagnético se encontrará magnetizado. A través de la representación gráfica de dicho fenómeno (ciclo de histéresis), se pueden determinar dos características o propiedades magnéticas importantes, las cuales son la *fuerza remanente* o *remanencia* y la *fuerza coercitiva* o *coercitividad*. En la fig. 3.7 (tanto derecha como izquierda), la **coercitividad** es representada por los segmentos **AG** y **AD** sobre el eje de ordenadas, y la **remanencia** por los segmentos **AC** y **AF** sobre el eje de abscisas. Cuanto mayor es la **remanencia** de un material, mayor es su magnetismo residual. La **coercitividad** de una sustancia es la fuerza del campo magnetizador necesaria para reducir a cero su magnetismo remanente, por ello constituye una medida de la capacidad de un material ferromagnético en retener su magnetismo. En dicha ilustración (fig. 3.7) se expresa el *campo magnético* φ en función de la *corriente instantánea i*, o sea $\varphi = f(i)$. Lo habitual es expresar la gráfica como $B=f(H)$, siendo **B** -como ya describimos anteriormente- la densidad de campo magnético y **H** la *intensidad de campo magnético*. Este factor, en vacío, depende directamente del valor de **B** y de la *permeabilidad magnética* μ_0 que el material ferromagnético posea, es decir

$$B = \mu_0 \cdot H$$

El valor de **H** se mide en *Ampere-vuelta por metro*, y su valor determina el grado de magnetización que alcanza el núcleo. En *cgs*, la unidad de medida es el *Oersted*. Su equivalencia es:

$$1 \, Oersted = 4\pi \cdot 10^{-3} \, Ampere - vuelta \, por \, metro$$

El hierro posee una gran remanencia y una baja coercitividad. Por otro lado, el acero posee una remanencia algo menor pero un valor de coercitividad muy superior. Los materiales ferromagnéticos aptos para ser utilizados como núcleos de transformadores o de inductores son los denominados "suaves".

Estructura de los inductores

Los inductores se fabrican bobinando alambre en varios tipos de configuraciones. Ello restringe el campo magnético al espacio físico cercano a su entorno, creando el mayor efecto de inducción en dicha zona.

Los principales factores que determinan la magnitud de la inductancia en una bobina son:

1. *El número de vueltas de la bobina.*
2. *El tipo y formato del material usado como núcleo.*
3. *El diámetro y espaciamiento de las vueltas.*

Lo usual es utilizar un núcleo ferromagnético sobre el cual se realiza el bobinado, ya que esto hace que la densidad del flujo magnético dentro de la bobina sea muy superior que si el núcleo fuese de aire. La mayor densidad de flujo permite un incremento del valor inductivo del conjunto. A su vez, al utilizar núcleos de hierro o acero hace que surjan corrientes secundarias o parásitas por histéresis.

En general para todos los inductores, el valor aproximado de la inductancia se calcula aplicando la siguiente ecuación matemática:

$$L = \frac{\mu \, \mu_o \, N^2 A}{\ell}$$

Donde: L = inductancia en Henry.

         $\mu \, \mu_o$ = permeabilidad total del núcleo.

         N = número de vueltas.

         A = área de una vuelta.

         ℓ = longitud de la bobina.

La ecuación mencionada es válida siempre que se trabaje en la zona lineal del lazo de histéresis, sin sobrepasar el valor de saturación en la curva de $B = f(H)$. Esta se utiliza en el cálculo del valor de inductancia **L** en la mayoría de los inductores. La única condición para su aplicación deberá ser el tipo de construcción del inductor deberá ser tal que el flujo magnético de cada espira pueda ser cortado o intersectado por las demás espiras del bobinado. Ello provocará que la corriente variable en cada una de las espiras genere un efecto inductivo sobre las demás.

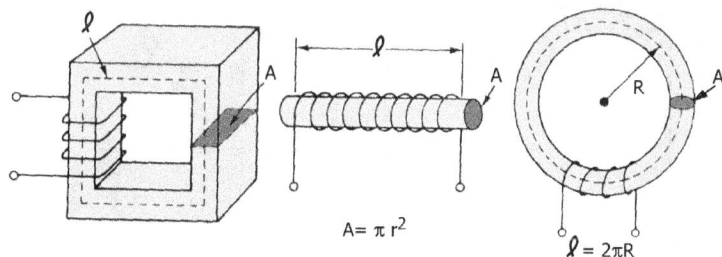

Fig. 3.8 Configuraciones clásicas de inductores con núcleo

En la fig. 3.8 se describen en forma esquemática varias configuraciones de inductores con núcleo ferromagnético, especificando gráficamente las variables indicadas en la ecuación precedente.

Para concluir, a continuación, se detalla en la Tabla 3.1 un resumen del comportamiento de los inductores conectados en serie y en paralelo.

Tanto las tensiones en una malla cerrada como las corrientes en un nodo de cualquier circuito inductivo puro cumple con la dos leyes de Kirchhoff, pero vectorialmente, ya que los inductores producen desfasajes entre las tensiones y las corrientes, tal como ocurre con los capacitores, pero en este caso con la corriente atrasada 90° respecto a la tensión de suministro.

TABLA 3.1 Resumen de los circuitos inductivos serie y paralelo	
Circuito Serie	*Circuito Paralelo*
$L_S = L_1 + L_2 + L_3 + \cdots + L_n$ $\bar{V}_S = \bar{V}_{L_1} + \bar{V}_{L_2} + \bar{V}_{L_3} + \cdots + \bar{V}_{L_n}$ $\bar{I}_S = \bar{I}_{L_1} = \bar{I}_{L_2} = \bar{I}_{L_3} = \cdots = \bar{I}_{L_n}$	$\dfrac{1}{L_P} = \dfrac{1}{L_1} + \dfrac{1}{L_2} + \dfrac{1}{L_3} + \cdots + \dfrac{1}{L_n}$ $\bar{V}_P = \bar{V}_{L_1} = \bar{V}_{L_2} = \bar{V}_{L_3} = \cdots = \bar{V}_{L_n}$ $\bar{I}_P = \bar{I}_{L_1} + \bar{I}_{L_2} + \bar{I}_{L_3} + \cdots + \bar{I}_{L_n}$

CAPITULO 4

Descripción

Cuando se combinan entre sí los distintos componentes descriptos hasta aquí, se produce un comportamiento particular para cada tipo de montaje. Los montajes se pueden describir como combinaciones serie y/o paralelo entre resistores, capacitores e inductores, los que serán detallados a continuación. Comenzaremos estudiando un circuito **RC serie**. En este circuito (fig. 4.1), la impedancia que presentará entre los terminales **a** y **b**, Z_{ab}, será la suma de la impedancia presentada por el capacitor y por el resistor, es decir:

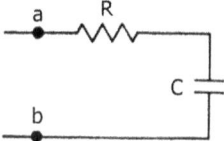

$$Z_{ab} = Z_R + Z_C$$

$$Z_{ab} = R + \left(-\frac{j}{\omega C} \right)$$

Fig. 4.1

Para hallar la magnitud de dicha *impedancia* Z_{ab} se requiere sumar vectorialmente las impedancias **R** y X_C. Esto se evidencia en la fig. 4.2.

Aplicando el *teorema de Pitágoras* sobre la representación gráfica, obtenemos que el módulo del vector obtenido será de:

$$|Z_{ab}| = \sqrt{R^2 + \left(\frac{1}{\omega C} \right)^2}$$

Por trigonometría, el *ángulo de desfasaje* **θ** asociado a dicho vector se obtiene matemáticamente como:

$$\theta = arc\ tan\left(\frac{-X_C}{R} \right)$$

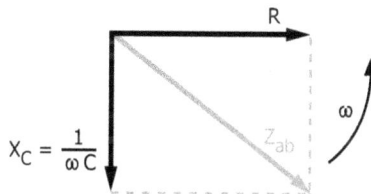

$$X_C = \frac{1}{\omega C}$$

Fig. 4.2

Ahora estudiaremos un circuito **RL serie**. Esta configuración queda conformada reemplazando el *capacitor* **C** del circuito anterior por un *inductor* **L** (fig. 4.3). Utilizando el mismo razonamiento aplicado en el

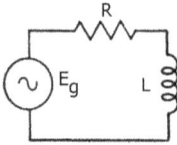

Fig. 4.2

montaje **RC serie**, obtenemos las expresiones matemáticas detalladas a continuación, a saber:

$$Z = R + j\,\omega\,L$$

$$Z = \sqrt{R^2 + (\omega L)^2}$$

$$\theta = arc\ tan\ \frac{X_L}{R}$$

En general, para cualquier cantidad de componentes en serie, si **R** es la *resistencia total* y **X** es la *reactancia total*, el valor de la *impedancia* **Z$_T$** y del *ángulo de desfasaje* **θ** será:

$$\left|Z_T\right| = \sqrt{R^2 + X^2}$$

$$\theta = arc\ tan\ \frac{X}{R}$$

Una vez hallado el valor de la *impedancia* **Z**, se puede obtener la *caída de tensión* **V$_Z$** que la misma provoca ante la circulación de una *corriente* **I** aplicando la ecuación:

$$V_Z = I \cdot |Z|$$

El *ángulo de desfasaje* entre la *tensión* **V$_Z$** y la *corriente* **I** es el mismo ángulo **θ** asociado a la *impedancia* **Z**.

Luego de lo enunciado en general, estudiaremos un circuito **RLC serie** (fig. 4.4). El este disponemos de un generador **Eg** de corriente alterna con frecuencia variable. La magnitud de la *impedancia* y el *ángulo de fase* dependerán de la *pulsación* **ω**.

Las ecuaciones que definen el valor de la impedancia y el ángulo de desfasaje son las detalladas a continuación:

$$|Z| = \sqrt{R^2 + \left[\omega L + \frac{1}{\omega C}\right]^2}$$

$$\theta = arc\ tan\ \left[\frac{\omega L + \dfrac{1}{\omega C}}{R}\right]$$

El valor mínimo de *impedancia* **Z**, se dará cuando:

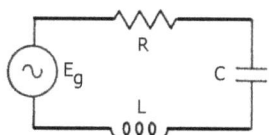

Fig. 4.4

$$\left[\omega L + \frac{1}{\omega C}\right] = 0$$

o bien cuando la *pulsación* tome el valor de resonancia serie ω_{rs} , o sea:

$$\omega_{rs} = \sqrt{\frac{1}{LC}}$$

La *frecuencia* **f** necesaria para que ocurra el evento recientemente detallado, se denomina **frecuencia de resonancia serie**. En tal circunstancia, el ángulo de fase será:

$$\theta = arc\ tan\ 0 = 0°$$

Como la *tensión* V_L se encuentra adelantada un ángulo de 90° respecto la *corriente* **I**, y a su vez V_C se encuentra atrasada 90° respecto la misma corriente, podemos afirmar que la *tensión sobre el inductor* V_L está anticipada un ángulo de 180° respecto a la tensión en el capacitor V_C. Esto significa que cuando la tensión en el inductor es máxima y positiva, la misma sobre el capacitor será máxima y negativa. A la *frecuencia de resonancia*, V_L y de V_C son iguales en magnitud, por lo que la tensión tomada entre bornes del conjunto **LC** será siempre nula. De ello, afirmamos que la *impedancia* **Z** que presenta un circuito **RLC serie** a la frecuencia de resonancia es igual a la *resistencia* **R**.

En teoría, no debería haber potencia disipada en el *capacitor* **C** o en el *inductor* **L**, y sólo se apreciaría tal acontecimiento sobre el *resistor* **R**. En el caso real, el inductor posee una resistencia interna propia del bobinado, y el capacitor posee corriente de fuga. Suponiendo que se trate del caso ideal, en un circuito con *impedancia* **Z**, una *tensión aplicada* **V**, una *corriente* **I** que lo atraviese y un *ángulo de fase* **θ** entre la *tensión* y la *corriente*, la *potencia disipada* **P** será:

$$P = I \cdot V \cos\theta$$

De la expresión recién detallada, se define como **factor de potencia** al *coseno del ángulo de fase* (cos θ). Para un **circuito RLC serie** en resonancia, *cos* θ = 1 ya que θ = 0° y *cos* 0 = 1.

En un **circuito RLC paralelo** (fig. 4.5), todos sus elementos recibirán el mismo valor de tensión E_0. Se producirán corrientes en cada rama del circuito dependiendo sus valores de la impedancia que cada elemento presente a la frecuencia de trabajo. De ello se desprende que el valor de corriente dependerá en el caso del inductor y del capacitor de los valores que posean sus reactancias. Aplicando ley de Ohm, los módulos de dichas corrientes serán:

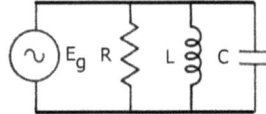

Fig. 4.5

$$|I_R| = \frac{E_0}{R} \qquad |I_L| = \frac{E_0}{X_L} \qquad |I_C| = \frac{E_0}{X_C}$$

El ángulo de desfasaje que tendrá cada una de las corrientes mencionadas respecto a la tensión de alimentación será función de lo ya estudiado, es decir, la I_C estará anticipada 90° a la tensión E_0, y la I_L estará retrasada en 90° respecto a la misma tensión de alimentación o excitación. Obviamente, la corriente I_R estará en fase con E_0, ya que los resistores puros -consideración ideal- no posee componentes inductivos o capacitivos.

La corriente total en un *circuito RLC paralelo* estará dada por la suma vectorial de las corrientes de cada rama. En forma genérica podemos describirlo matemáticamente como:

$$I_T = I_R + I_L + I_C$$

En forma más específica, tenemos:

$$I_T = \frac{E_0}{R} + \frac{E_0}{jX_L} + \frac{E_0}{-jX_C}$$

El resistor **R** por tratarse de un resistor ideal, no presenta alteraciones en su valor con la variación de la frecuencia.

Analizando ahora el comportamiento que tiene la reactancia inductiva y la capacitiva en función de la frecuencia **f**, vemos que cuando la frecuencia tiende a infinito, X_C tiende a cero, mientras que X_L en las mismas condiciones tiende a infinito. Por el contrario, cuando la frecuencia **f** tiende a cero, la X_C tiende a infinito y X_L tiende a cero.

A la *frecuencia de resonancia* f_r, la reactancia capacitiva tendrá el mismo valor que la reactancia inductiva, por lo que la *impedancia* Z_r (impedancia a la frecuencia de resonancia f_r) que el conjunto presente estará compuesta por el *valor resistivo* de **R**, en paralelo con la impedancia que presente el conjunto **LC**. En tal caso, la frecuencia f_r será:

$$|X_L| = |X_C|$$

$$\left|\frac{1}{2\pi \cdot f_r \cdot C}\right| = |2\pi \cdot f_r \cdot L|$$

Despejando obtenemos:

$$f_r = \frac{1}{2\pi}\sqrt{\frac{1}{C \cdot L}} \quad \text{o bien:} \quad \omega_r = \sqrt{\frac{1}{C \cdot L}}$$

Si los módulos de X_C y X_L son iguales a la *frecuencia de resonancia* f_r, el valor numérico de la impedancia Z_{LC} será:

$$\left|\frac{1}{Z_{LC}}\right| = \left|\frac{1}{X_L}\right| + \left|\frac{1}{X_C}\right|$$

Pero: $\quad |X_L| = |X_C| = |X| \quad$ Reemplazando obtenemos:

$$\left|\frac{1}{Z_{LC}}\right| = \left|\frac{1}{X}\right| + \left|\frac{1}{X}\right| = \left|\frac{2X}{X^2}\right| = \left|\frac{2}{X}\right| \quad \Rightarrow \quad |Z_{LC}| = {|X|}/{2}$$

De esta forma, podemos ahora calcular la impedancia resultante a la frecuencia de resonancia en un circuito RLC paralelo. La misma será en valor numérico:

$$|Z_p| = \frac{|Z_{LC}| \cdot R}{|Z_{LC}| + R} = \frac{{|X|}/{2} \cdot R}{{|X|}/{2} + R} = \frac{|X| \cdot R}{|X| + 2R}$$

En el caso de estudiar un *circuito resonante* **RLC paralelo real**, tendrán injerencia en los valores descriptos las resistencias internas y las fugas que cada uno de los componentes posea.

Analizaremos ahora los denominados ***filtros iductivos capacitivos***. Ellos son utilizados en ciertas aplicaciones eléctricas para presentar una baja impedancia al paso de un determinado rango de frecuencias, y bloquear o presentar una impedancia elevada a todas las demás.

Podemos clasificar en general tres tipos de filtros, los *Filtros pasa bajos*, los *Filtros pasa altos* y los *Filtros pasa banda*.

En los primeros, se permite el pasaje de un rango bajo de frecuencias, y a partir de un valor de frecuencia determinado, denominado *frecuencia de corte f_C*, se atenúa el valor de las amplitudes mediante el incremento de la impedancia que el montaje LC presenta a su paso. El montaje característico y su curva de respuesta se observan en la fig. 4.6.

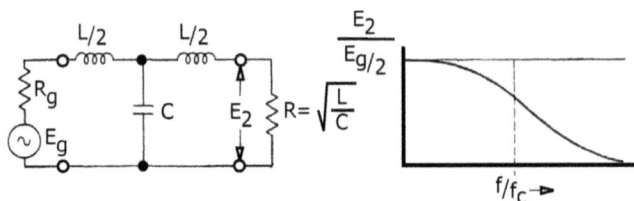

Fig. 4.6 Circuito y curva característica de un filtro pasa bajos

A baja frecuencia, la *reactancia inductiva X_L* es baja, la *reactancia capacitiva X_C* es elevada, y la mayor parte de la corriente de entrada proveniente del *generador E_g* fluye hacia la *carga R* sin atenuación. En el caso de frecuencias elevadas, la reactancia inductiva será elevada y la reactancia capacitiva muy baja, por lo que la poca señal que pueda superar al inductor L será cortocircuitada a través del capacitor C y retornará al generador. En la curva adjunta a la figura 4.6 citada, se ilustra la relación $E_2 / (E_g / 2) = f (f / f_C)$ en la que se aprecia la caída en la respuesta a frecuencias más elevadas a la frecuencia de corte.

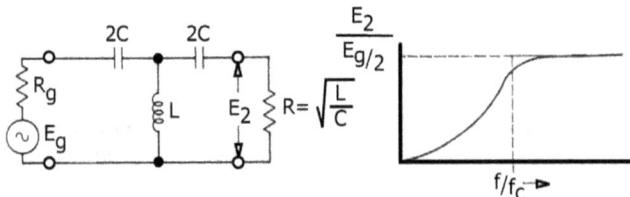

Fig. 4.7 Circuito y curva característica de un filtro pasa altos

En los *filtros pasa altos*, se produce lo inverso a lo detallado anteriormente, es decir que el montaje presentará una alta impedancia a bajas frecuencias y a partir de la *frecuencia de corte* su valor se verá disminuido permitiendo el pasaje de las frecuencias más elevadas. En la ilustración de la fig. 4.7 se detalla dicho fenómeno junto con el montaje típico de este tipo de filtro.

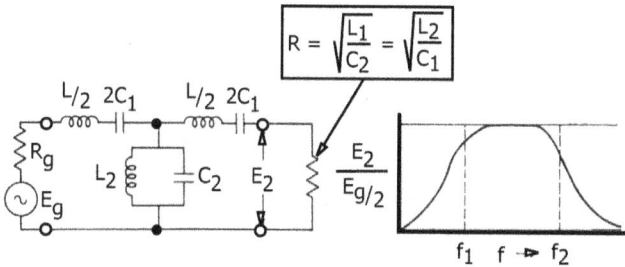

Fig. 4.8 Circuito y curva característica de un filtro pasa banda

En los *filtros pasa banda*, el montaje es una combinación de los dos filtros mencionados anteriormente, por lo que se producen dos frecuencias de corte. Una de corte inferior f_1 y otra de corte superior f_2. Entre estas dos frecuencias se produce una zona de baja impedancia al pasaje de las frecuencias que se encuentren en dicho rango, y fuera de dicha zona, la impedancia será elevada. Esto se evidencia en la fig. 4.8, en la cual tenemos el montaje característico y la curva de respuesta típica.

Cuando los filtros detallados son utilizados como lazo de realimentación en un circuito amplificador de alta ganancia, se obtiene a las frecuencias de corte una pendiente mucho más acentuada, pudiéndose llegar a valores de varias decenas de decibeles (dB). Un ejemplo de ello se ilustra en la fig. 4.9, en la que se aplica un filtro similar a los estudiados como lazo de realimentación de un circuito amplificador operacional. En este caso se emplea el circuito integrado CA 3000, el que resulta apropiado por sus características para que se le conecten circuitos sintonizados en paralelo tanto a la entrada como a la salida.

El *factor Q* puede ser diseñado según las necesidades de casa prestación, pero en este caso, su valor es de 37 (fig. 4.10).

El circuito se ha calculado para una frecuencia de funcionamiento de 10 MHz. La ganancia de tensión a dicha frecuencia es de 29,6 dB.

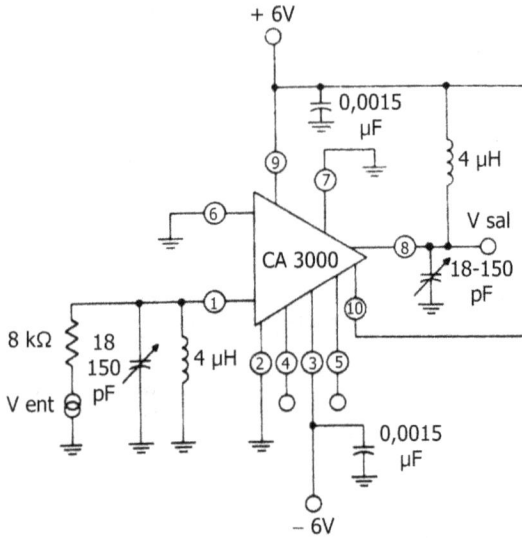

Fig. 4.9 Circuito de un filtro activo con amplificador operacional

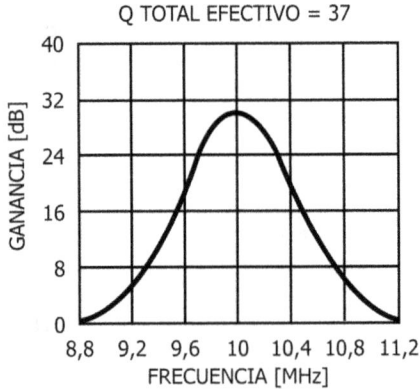

Fig. 4.10 Curva de respuesta del filtro activo de fig. 4.9

Resistores de film de carbón

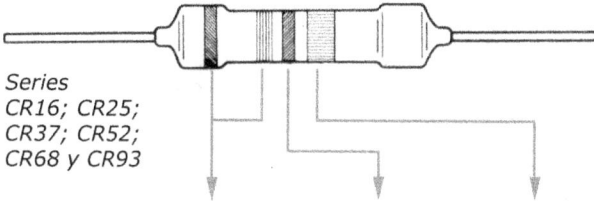

Series
CR16; CR25;
CR37; CR52;
CR68 y CR93

Color	1° y 2° dígito	Multiplicador	Tolerancia [%]
Negro	0	x 1	–
Marrón	1	x 10	–
Rojo	2	x 100	–
Naranja	3	x 1.000	–
Amarillo	4	x 10.000	–
Verde	5	x 100.000	–
Azul	6	x 1.000.000	–
Violeta	7	–	–
Gris	8	–	–
Blanco	9	–	–
Plata	–	–	± 10,0
Oro	–	x 0,1	± 5,0

Son los resistores de uso más común. Se identifican según el código de colores convencional. Se fabrican para una potencia total disipada nominal de 0,2; 0,33; 0,5; 0,67; 1,15 y 2 W. Dichos valores de disipación se toman a una temperatura ambiente (T_{amb}) de 70 °C. Sus valores resistivos van desde 10 Ω hasta 10 MΩ.

Resistores de film metálico laqueados

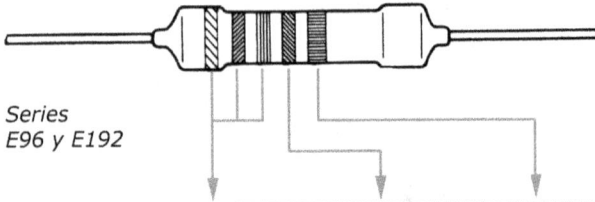

Series
E96 y E192

Color	1° y 2° (3°) dígito	Multiplicador	Tolerancia [%]
Negro	0	x 1	–
Marrón	1	x 10	± 1,0
Rojo	2	x 100	± 2,0
Naranja	3	x 1.000	–
Amarillo	4	x 10.000	–
Verde	5	x 100.000	± 0,5
Azul	6	–	–
Violeta	7	–	–
Gris	8	–	–
Blanco	9	–	–
Plata	–	x 0,01	–
Oro	–	x 0,1	± 5,0

Serie E24

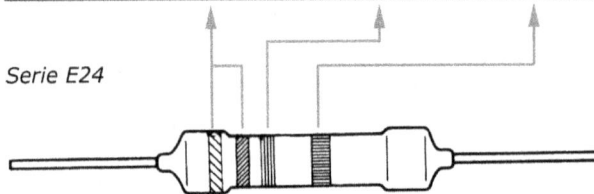

Se identifican según el código de colores convencional. Pueden tener dos o tres bandas iniciales (tres dígitos). Se fabrican para una potencia total disipada nominal de 0,4; 0,5; 0,67 y 0,75 W. Dichos valores de disipación se toman a una temperatura ambiente (T_{amb}) de 70 °C. Sus valores resistivos van desde 5 Ω hasta 1 MΩ, con un coeficiente de temperatura del orden de 100 ppm/°C.

Resistores de film metálico para alta tensión

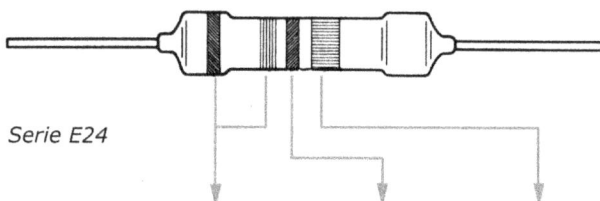

Serie E24

Color	1° y 2° dígito	Multiplicador	Tolerancia [%]
Negro	0	–	–
Marrón	1	–	± 1,0
Rojo	2	–	–
Naranja	3	–	–
Amarillo	4	x 10.000	± 5,0
Verde	5	x 100.000	–
Azul	6	x 1.000.000	–
Violeta	7	x 10.000.000	–
Gris	8	–	–
Blanco	9	–	–

Serie E96

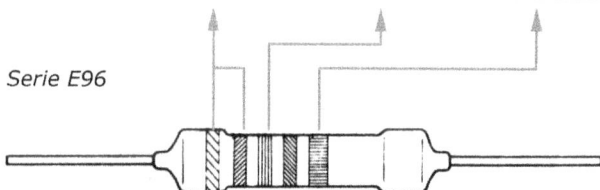

Estos resistores son utilizados para demandas muy específicas. Se identifican según el código de colores convencional. Se fabrican para una potencia total disipada nominal de 0,1; 0,125; 0,25; 0,5; y 0,75 W. Dichos valores de disipación se toman a una temperatura ambiente (T_{amb}) de 70 °C. Sus valores resistivos van desde 50 Ω hasta 1 MΩ, con un coeficiente de temperatura entre 25 y 100 ppm/°C y una tolerancia estándar entre 1% y 5%.

Resistores no lineales VDR

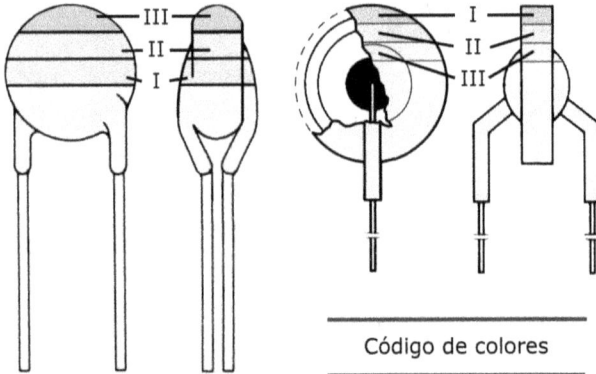

Código de colores	
Negro	0
Marrón	1
Rojo	2
Naranja	3
Amarillo	4
Verde	5
Azul	6
Violeta	7
Gris	8
Blanco	9

Formación del
código del VDR:

I II III

Ejemplo: **116**

I   Marrón
II   Marrón
III   Azul

NOTA:
Los números de serie especificados en este Apéndice, correspon-
den a normas de fabricación europeas y norteamericanas, homo-
logadas bajo normas DIN y IEEE.

Curvas características

A continuación se especificarán las curvas características para cada uno de los resistores (lineales como no lineales) detallados hasta aquí. Comenzaremos con las curvas para los resistores de película de carbón.

R_{TH} [°C/W] 400 240 160 120 70 40

P [W]

0,35	0,6		1,2	2,0	3,5
0,30	0,5	0,8	1,0		3,0
0,25	0,4	0,6	0,8	1,5	2,5
0,20	0,3		0,6	1,0	2,0
0,15		0,4			1,5
0,10	0,2		0,4	0,5	1,0
0,05	0,1	0,2	0,2		0,5
0	0	0	0	0	0

$T_{amb} = 20°C$, $40°C$, $60°C$, $80°C$, $100°C$, $120°C$, $140°C$, $155°C$

$T_m = T_{amb} + \Delta T$

T_m axis: 20 40 60 80 100 120 140

$\dfrac{\Delta R}{R}$ [%] después de 1.000 horas

0,2 — 0,5 — 1,0 — 2,0 — 5,0 — 10 — 20 — 50

$\leq 100\ \Omega$, $R = 1\ k\Omega$, $10\ k\Omega$, $100\ k\Omega$, $1\ M\Omega$, $10\ M\Omega$

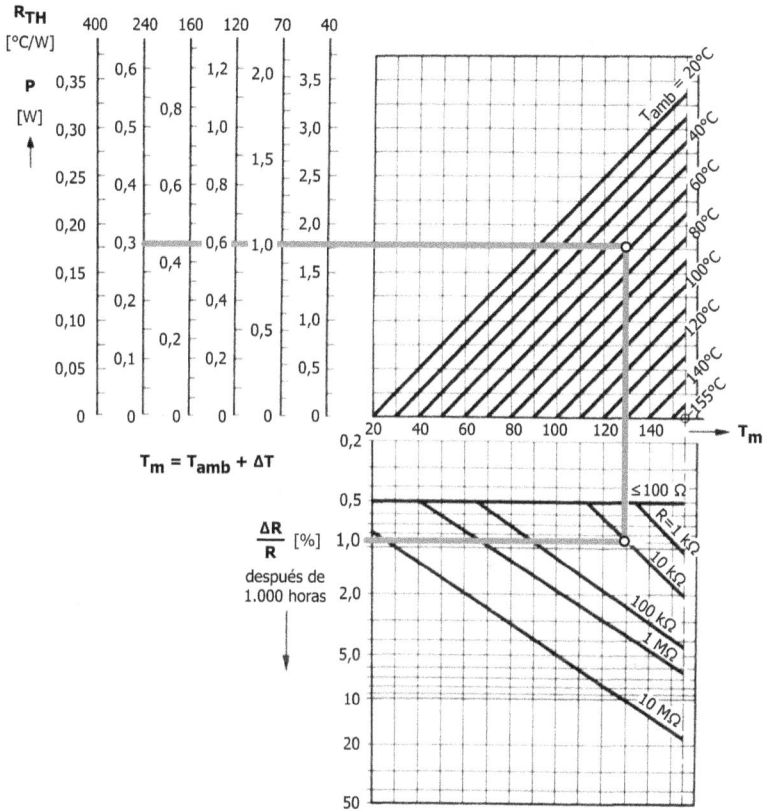

En la misma se interrelacionan los valores de *potencia disipada **P***, la *temperatura ambiente **T_{amb}***, y la *estabilidad porcentual del valor óhmico ($\Delta R/R$)%* luego de 1.000 horas de funcionamiento. Como ejemplo, podemos plantear la búsqueda de la *estabilidad porcentual* de un resistor de carbón de *10 kΩ* (*serie CR25*, con una *resistencia térmica R_{TH}* de *240 °C/W*), trabajando a una *temperatura ambiente T_{amb}* de *60 °C*, con una *potencia disipada **P*** de *0,3 W*. Para ello, ubicamos en la columna de **R_{TH}** = *240 °C/W* la potencia disipada indicada hasta cortar la curva de *temperatura ambiente* de *60 °C*. Al bajar una vertical hasta cortar la curva de *R=10 kΩ*, nos indicará un valor de ligeramente inferior al *1%* luego de 1.000 horas de operación bajo dichas condiciones.

Ahora estudiaremos las curvas de los resistores de película metálica.

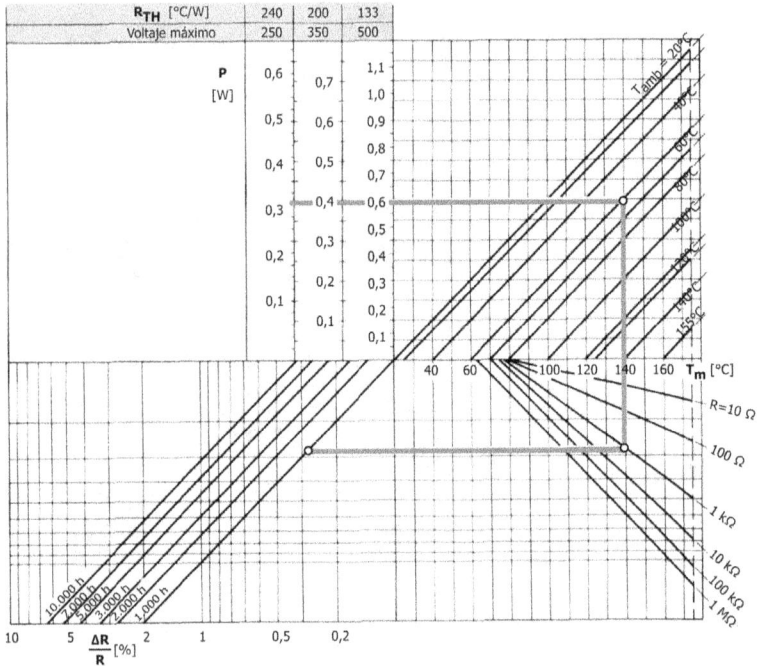

El proceso de búsqueda es similar al detallado para los resistores de película de carbón.

A modo de ejemplo, buscaremos la estabilidad de un resistor de film metálico de *1 kΩ* (*serie MR25*, con R_{TH} = *240 °C/W*) luego de 1.000 horas, operando a una *potencia* de *0,33 W* a una *temperatura ambiente* de *60 °C*. El resultado obtenido es de *(ΔR/R)% = 0,28*.

Tanto en esta serie de curvas como en las ya descriptas para los resistores de película de carbón, se puede usar el proceso inverso partiendo de un valor de estabilidad prefijado.

Ahora detallaremos la curva *R=f(T)* para los resistores no lineales del tipo *NTC*. Las características fundamentales para el *tipo E6* son:

Características de un termistor NTC	
• Rango resistivo	3,3 Ω a 330 kΩ
• Disipación máxima	0,5 W
• Factor de disipación	25 mW/°C
• Rango de temperatura: *a potencia P = 0 W* *a máxima potencia*	−25 a +100 °C 0 a +55 °C

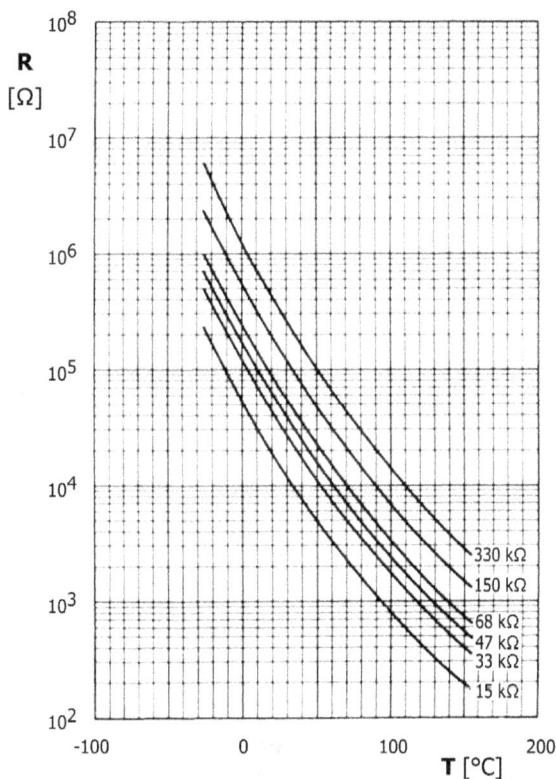

En este caso detallaremos la curva *R=f(T)* para resistores del tipo *PTC* (*coeficiente de temperatura positivo*). Las características principales de estos resistores no lineales son las descriptas a continuación, a saber:

Características	A	B	C	D	E
Resistencia [Ω] (a 25 °C con $V_{cc} \leq 1,5$ V)	250	60	50	50	50
Tolerancia porcentual [%]	25	30	30	30	30
Temp. de encendido [°C]	6	30	50	80	105
Coeficiente de temp. [%/°C]	5	7	16	23	40
Cte. térmica de tiempo [s]	17	20	18	18	-
Factor de disipación [mW/°C]	6	7	7	7	7
Voltaje de continua máximo [V]	25	25	25	25	25
Temperatura de trabajo [°C] a potencia P = 0 W a máximo voltaje	–25/+155 0/+55	–15/+125 0/+55			

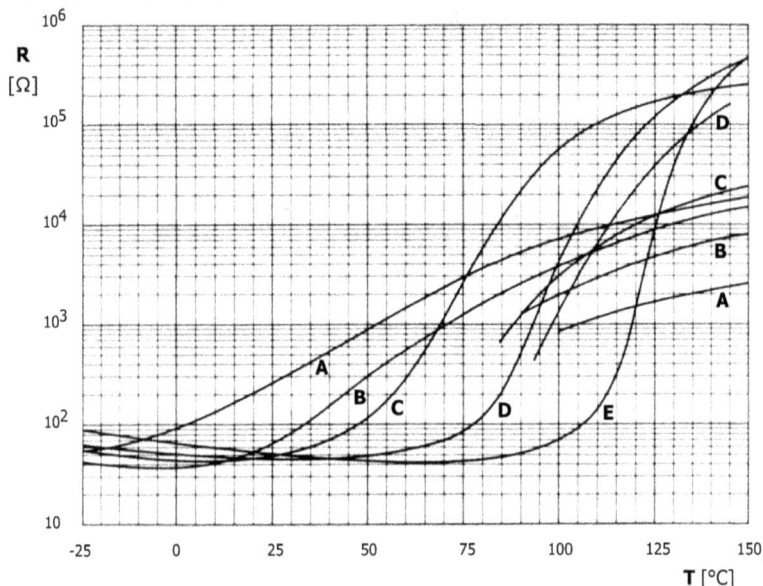

Las curvas inferiores son para V ≤ 1,5 Volt de corriente continua, mientras que las otras son para pulsos de 25 Volt.

CAPACITORES

Capacitores de película metalizada

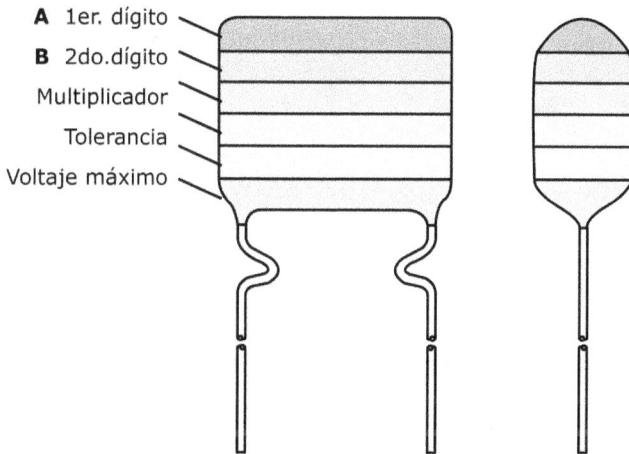

A 1er. dígito
B 2do.dígito
Multiplicador
Tolerancia
Voltaje máximo

A y B	Multiplicador	Tolerancia	U_R [V]	Color
0	1	20%	–	Negro
1	10	–	100	Marrón
2	100	–	250	Rojo
3	1.000	–	–	Naranja
4	10.000	–	400	Amarillo
5	100.000	–	–	Verde
6	–	–	–	Azul
7	–	–	–	Violeta
8	–	–	–	Gris
9	–	10%	–	Blanco

Valor de la capacidad C expresada en pF

Capacitores encapsulados en resina

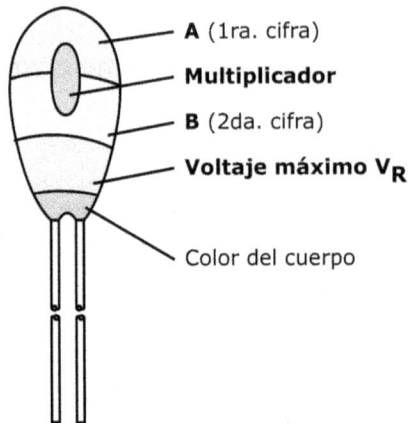

A (1ra. cifra)

Multiplicador

B (2da. cifra)

Voltaje máximo V_R

Color del cuerpo

A	B	Multiplicador	U_R [V]	Color
–	0	1	10	Negro
1	1	–	1,6	Marrón
2	2	–	4	Rojo
3	3	–	–	Naranja
4	4	–	6,3	Amarillo
5	5	–	16	Verde
6	6	–	–	Azul
7	7	0,001	–	Violeta
8	8	0,01	25	Gris
9	9	0,1	2,5	Blanco

Valor de la capacidad C expresada en μF

INDUCTORES

Descripción de los materiales magnéticos

En el Capítulo 3 se han descripto básicamente dos materiales ferro-magnéticos, el hierro y el acero. Una aleación típica está compuesta por un *1% de Carbono*, *0,5% de Manganeso* y el resto de *Hierro*. Esta aleación es calentada a una temperatura cercana a los 800 °C y luego rápidamente enfriado para que a través del temple poder asegurar la dureza mecánica necesaria como su remanencia (cualidad de retener magnetismo) y su coercitividad (cualidad de desmagnetización). La energía máxima obtenida con este material, es decir, el producto entre el valor máximo de *flujo magnético* $\boldsymbol{B}$ ($B_{máx}$) y el valor máximo de *fuerza magnetizante* $\boldsymbol{H}$ ($H_{máx}$) resultó de sólo $0,2 \times 10^6$ Gauss-Oersted.

Este valor resulta demasiado bajo a comparación de los valores obtenidos con los materiales ferromagnéticos en la actualidad.

Alrededor de 1917 se desarrolló una aleación de acero al cromo, compuesta por *3-5% de Cromo*, *1% de Carbono* y *0,5% de Manganeso*, y el resto de *Hierro*, pudiéndo alcanzar esta aleación un valor de $B_{máx} \cdot H_{máx}$ ligeramente superior de $0,3 \times 10^6$ Gauss-Oersted.

Hasta 1930, los únicos materiales disponibles para ser utilizados como núcleos ferromagnéticos eran el *acero al carbono*, el *acero al cromo*, y aún más antiguo el *acero al tungsteno*.

En 1931, en Japón, se dio un gran avance respecto a estos tipos de materiales. Se fabricó una aleación, denominada *acero al cobalto*, la cual estaba compuesta por *Hierro*, *36% de Cobalto*, *3,75% de Cromo*, *3% de Tungsteno* y *0,85% de Carbono*. Esta fue la primera aleación desarrollada para conseguir una mejora en la coercitividad y una energía máxima de alrededor de 1×10^6 Gauss-Oersted.

En 1940, surgió una aleación denominada *Alnico*, desarrollada por la firma *General Electric Company* (EEUU). El *Alnico* fundido, poseía la particularidad de ser fundido en un horno de inducción con alta frecuencia, y luego ser vaciado en moldes de sílice (arena), lo cual le otorgaba características de dureza y fragilidad que dificultaban su maquinado posterior salvo mediante un desbaste con lubricación. Mediante la utilización de técnicas de sinterizado (mezcla de polvos metálicos, prensados y posteriormente horneados) para la fabricación del *Alnico*, se obtuvo como resultado un grano mucho más fino en la exstructura y con una mayor dureza mecánica que su predecesor fundido, aunque aún con un cierto grado de fragilidad que tendía a su fractura.

El valor máximo de densidad de flujo residual exhibida por esta familia de materiales magnéticos (*Alnico V-DG*) es de *13.300 Gauss* para el denominado "grano orientado" (magnetizado direccionalmente). La energía $B_{máx}.H_{máx}$ de este material es de 6,50 x 10^6 Gauss-Oersted. La aleación está compuesta por *8% de Aluminio, 14% de Níquel, 24% de Cobalto, 3% de Cobre* y el resto de *Hierro*.

Recientemente se han desarrollado nuevos materiales, tales como el *Cunife* (*cobre-níquel-hierro*) y el *Cunico* (*cobre-níquel-cobalto*), los cuales resultan dúctiles y maleables, y a su vez fáciles de mecanizar.

También el *Silmanal* (*87% de Plata, 8,8% de Manganeso* y *4,45% de aluminio*), el cual posee el registro más alto en coercitividad, cercano a 6.000 Oersted, pero posee bajo magnetismo residual y un bajo producto $B_{máx}.H_{máx}$. El *Bismanol* (*79,2% de Bismuto* y *20,8% de Manganeso*) posee un $B_{máx}.H_{máx}$ de 5,3 x 10^6 Gauss-Oersted, y requiere para una desmagnetización completa de una fuerza coercitiva de 3.650 Oersted.

El más costoso de los materiales magnéticos disponibles en la actualidad es el *Platinax* (*Platino con trazas de Cobalto*), el cual posee un impresionante valor $B_{máx}.H_{máx}$ de 9,2 x 10^6 Gauss-Oersted.

Como alternativa para algunas aplicaciones, existen los *ferrites*. El descubrimiento de ellos data del 1900, pero sólo han sido considerados en su utilización en los años '60. Ellos son artificiales, cuya composición combina diferentes materiales. Las técnicas actuales permiten la fabricación de materiales ferromagnéticos a medida de las necesidades, como por ejemplo un ferrite de níquel-aluminio con una composición de *86% de Ni^{++} , 1% de Cu^{++}, 2% de Mn^{++}, 2% de Co^{++}, 3% de Al^{+++}* y el resto de Fe_3O_4). Este material combina una temperatura de destrucción elevada (temperatura de *Curie*) con buenas características magnéticas.

Existen otras variedades de ferrites como el *Vectolite* (*30% de Fe_2O_3, 44% de Fe_3O_4* y *26% de Co_2O_3*), el *Index V* (*$Ba\,Fe_{12}O_{19}$*) y el *Ferrimag I* (*$Ba\,O_2.6Fe_2O_3$*). Queda evidenciado que la cantidad de oxígeno que exita en cada compuesto es de suma importancia en el funcionamiento.

Los *ferrites* poseen usualmente una resistencia eléctrica superior a la que poseería el metal con el que están compuestos. Por este motivo son particularmente utilizados en núcleos de transformadores para aplicaciones de muy alta frecuencia (microondas). Los núcleos laminados convencionales presentarían infinidad de corrientes parásitas por los infinitos entrehierros que se generan en el apilado del núcleo.

La principal ventaja de los *ferrites* radica en el bajo peso que ellos poseen frente a sus similares laminados y, además, su bajo costo. Ello contribuye a su utilización en equipos de computación, radio y televisión.

A continuación, se darán valores típicos y máximos comparativos entre ferrites de igual composición pero con diferentes tipos de fabricación. Los mismos son reales y están tomados de manuales de fabricación.

Ferroxdure Sr $Fe_{12}O_{19}$ (anisotrópico cerámico)						
$B_{máx} \cdot H_{máx}$ [kJ/m^3]		Remanencia [mT]		Coercitividad [kA/m]		H_{sat} [kA/m]
típico	mínimo	típico	mínimo	típico	mínimo	
28,7	27,1	390	380	199	183	≥ 716
Ferroxdure Sr $Fe_{12}O_{19}$ (isotrópico cerámico)						
$B_{máx} \cdot H_{máx}$ [kJ/m^3]		Remanencia [mT]		Coercitividad [kA/m]		H_{sat} [kA/m]
típico	mínimo	típico	mínimo	típico	mínimo	
7,6	7,2	220	210	135	130	típ. 800
Ferroxdure Sr $Fe_{12}O_{19}$ (anisotrópico plástico)						
$B_{máx} \cdot H_{máx}$ [kJ/m^3]		Remanencia [mT]		Coercitividad [kA/m]		H_{sat} [kA/m]
típico	mínimo	típico	mínimo	típico	mínimo	
11	10	240	230	175	167	típ. 800
Ferroxdure Sr $Fe_{12}O_{19}$ (isotrópico plástico)						
$B_{máx} \cdot H_{máx}$ [kJ/m^3]		Remanencia [mT]		Coercitividad [kA/m]		H_{sat} [kA/m]
típico	mínimo	típico	mínimo	típico	mínimo	
4,4	4,0	155	150	104	100	típ. 800

Los ferrites **anisotrópicos cerámicos** se fabrican principalmente mediante sistemas de *prensado* y de *sinterizado*, aunque pueden ser *fundidos*. Los **isotrópicos cerámicos** incluyen además la opción de *extrudado*. Los **anisotrópicos plásticos** son producidos por inyección en molde, mientras que los **isotrópicos plásticos** se fabrican además por *extrudado* y por sistema de *prensado y endurecido*.

Los ferrites aquí detallados son utilizados en *sistemas electricos-mecánicos* (motores, instrumentos de medición, altavoces, trasductores, etc.), en *sistemas mecánico-eléctricos* (generadores, alternadores, dínamos, micrófonos, sensores, etc.), en *transmisión de fuerzas sobre materiales magnéticos* (atracción, repulsión, mantenimiento, despegue) y/o como *transmisor de movimiento aceleratriz o de desviación sobre determinadas cargas* (intensificadores de imágenes, yugos de TV, etc.).

BIBLIOGRAFIA CONSULTADA

* Philips Data Handbook, Potentiometers & Switches (Junio 1989).
* Philips Data Handbook, Electrolitic Capacitors, Solid & Non-Solid (Octubre 1988).
* Philips General Catalogue, Philips (1978).
* Guía de Mediciones Electrónicas y Prácticas de Laboratorio, S. Wolf y R. F. M. Smith, Prentice Hall (1992).
* Collier's Encyclopedia, Tomo 8 y 15, The Crowell-Collier Publishing Co. (1965).
* Circuitos de Estado Sólido para Hobbystas, Manual RCA HM-91, Editorial Arbó (1971).
* Components for Electronics, Siemens Aktiengesellschaft (1976).
* Siemens Review, Volume XLI, Special Issue, Siemens (1974).